生产性服务业
对经济高质量发展的影响研究

余奕杉 著

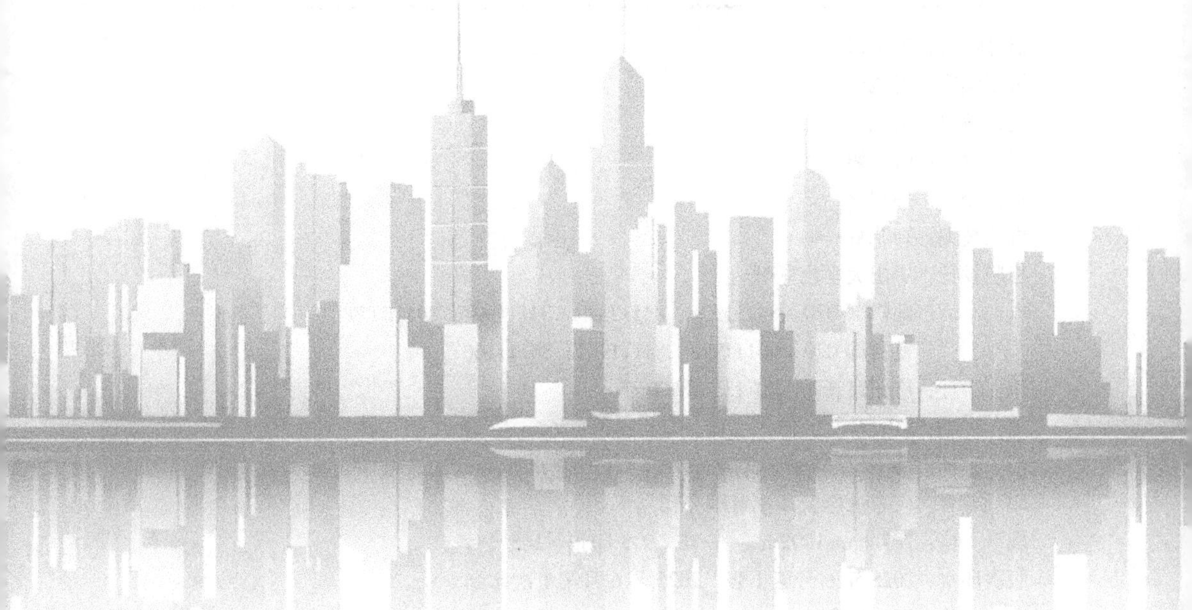

·广州·

版权所有　翻印必究

图书在版编目（CIP）数据

生产性服务业对经济高质量发展的影响研究/余奕杉著. -- 广州：中山大学出版社，2025.6. -- ISBN 978-7-306-08436-1

Ⅰ. F726.9; F124

中国国家版本馆 CIP 数据核字第 2025650NA0 号

SHENGCHANXING FUWUYE DUI JINGJI GAOZHILIANG FAZHAN DE YINGXIANG YANJIU

| 出 版 人：王天琪
| 策划编辑：王旭红
| 责任编辑：王旭红
| 封面设计：曾　婷
| 责任校对：孙碧涵
| 责任技编：靳晓虹
| 出版发行：中山大学出版社
| 电　　话：编辑部 020 - 84111996，84113349，84111997，84110779
| 发行部 020 - 84111998，84111981，84111160
| 地　　址：广州市新港西路135号
| 邮　　编：510275　传　真：020 - 84036565
| 网　　址：http://www.zsup.com.cn　E-mail：zdcbs@mail.sysu.edu.cn
| 印 刷 者：广东虎彩云印刷有限公司
| 规　　格：787mm×1092mm　1/16　9.5 印张　165 千字
| 版次印次：2025 年 6 月第 1 版　2025 年 6 月第 1 次印刷
| 定　　价：36.00 元

如发现本书因印装质量影响阅读，请与出版社发行部联系调换

内 容 摘 要

本研究以提升城市经济发展质量为导向,从产业结构优化和绿色全要素生产率(green total factor productivity,GTFP)增长的视角出发,以不同层级城市的产城协调发展为考量,以城市群产业空间关联为拓展,探讨不同类型生产性服务业的不同发展模式促进城市经济高质量发展的作用机理、效应测度和政策选择,以期为不同层级城市实施差异化的生产性服务业发展策略提供理论支持和现实依据。

本研究基于产业结构优化升级视角,从产业结构合理化和高级化两个维度,构建生产性服务业专业化、多样化集聚与城市产业结构优化的计量模型,运用系统广义矩估计法进行实证检验。研究发现,不同类型生产性服务业的不同集聚模式对城市产业结构高级化和产业结构合理化的影响,在不同规模等级的城市间存在明显差异。总体而言,生产性服务业专业化集聚对产业结构高级化的作用大于对产业结构合理化的作用,而多样化集聚仅在Ⅰ型大城市、超大及特大城市对产业结构优化产生促进效应。分行业而言,高端生产性服务业在Ⅱ型、Ⅰ型大城市的专业化集聚和在超大及特大城市的多样化集聚,能同时促进产业结构合理化与高级化。中低端生产性服务业在中小城市的专业化集聚能够促进产业结构高级化,但会抑制产业结构合理化;其在Ⅱ型大城市的多样化集聚有利于产业结构合理化与高级化;其在Ⅰ型大城市、超大及特大城市的多样化集聚能够促进产业结构合理化,但对产业结构高级化的作用不显著。

基于绿色全要素生产率提升视角,构建生产性服务业专业化、多样化集聚与城市绿色全要素生产率的计量模型,运用系统广义矩估计法进行实证检验。研究发现,生产性服务业集聚对绿色全要素生产率的影响随城市规模等级差异、城市行政级别差异、行业结构差异而表现出异质性。高端生产性服务业在Ⅰ型大城市、超大及特大城市的专业化和多样化集聚均能促进绿色全要素生产率提升,其中在超大及特大城市表现为多样化集聚效应更强,而在Ⅰ型大城市则表现为专业化集聚效应较强,且环境规制对多样化集聚效应存在正向调节作用。中低端生产性服务业在中小城市适合专业化集聚模式,而在Ⅱ型大城市则适合多样化集聚模式。同时,行政级别较高的城市高端生产性服务业的多样化集聚效应具有明显的领先优势。

基于城市群内城市间的空间溢出效应视角,以长江经济带三大跨省级城市群为例,利用空间杜宾模型探究生产性服务业不同集聚模式对城市绿色全要素生产率增长的直接效应和空间间接效应,并对其差异进行比较和分析。结果表明,从三大城市群的生产性服务业集聚效应差异看,长江三角洲城市群的生产性服务业多样化和专业化集聚均存在显著的正向直接效应和间接效应;长江中游城市群的生产性服务业专业化集聚和多样化集聚可以提升本地区的绿色全要素生产率,但多样化集聚的间接效应为负,专业化集聚对周边城市绿色全要素生产率增长影响不显著;成渝城市群的生产性服务业专业化集聚不仅能提升本地绿色全要素生产率,还有利于提升周边城市绿色全要素生产率,而多样化集聚的空间溢出效应尚不明显。从空间溢出效应的其他因素看,城市绿色全要素生产率增长不仅与本地的环境规制、基础设施水平有关,还与城市群内邻近城市的相关因素有关。

此外,本书还探讨推动生产性服务业高质量发展的城区实践,对国内外城市生产性服务业发展的先进经验进行提炼和总结,并以深圳市宝安区为例,分析工业大区的生产性服务业发展实践。

最后,对研究结论进行归纳总结,并提出相应政策建议。

目 录

第一章 绪 论 …… 1
 第一节 选题背景及意义 …… 1
 第二节 国内外研究现状 …… 3
 第三节 研究内容 …… 8
 第四节 研究方案 …… 10
 第五节 研究的创新点 …… 13

第二章 生产性服务业影响经济发展质量的理论分析 …… 15
 第一节 相关理论基础 …… 15
 第二节 理论模型构建 …… 23
 第三节 理论机制分析 …… 26
 第四节 本章小结 …… 33

第三章 生产性服务业集聚对城市产业结构优化的影响 …… 34
 第一节 问题的提出 …… 34
 第二节 相关文献回顾 …… 35
 第三节 生产性服务业集聚影响城市产业结构优化的作用机理 …… 37
 第四节 模型设定与变量选择 …… 41
 第五节 实证结果与讨论 …… 45
 第六节 本章小结 …… 55

第四章 生产性服务业集聚对城市绿色全要素生产率的影响 …… 58
第一节 问题的提出 …… 58
第二节 相关文献回顾 …… 59
第三节 生产性服务业集聚影响绿色全要素生产率的作用机理 …… 61
第四节 模型设定与变量选择 …… 64
第五节 实证结果与讨论 …… 69
第六节 本章小结 …… 79

第五章 生产性服务业集聚对城市群经济高质量发展的影响 …… 82
第一节 问题的提出 …… 82
第二节 变量设定与数据来源 …… 84
第三节 空间计量模型的构建 …… 88
第四节 实证结果与讨论 …… 91
第五节 本章小结 …… 99

第六章 推动生产性服务业高质量发展的城区实践 …… 102
第一节 国内外生产性服务业发展先进经验 …… 102
第二节 深圳市宝安区生产性服务业发展实践 …… 119

第七章 主要结论与政策建议 …… 134
第一节 主要结论 …… 134
第二节 政策建议 …… 136

参考文献 …… 140

第一章 绪 论

第一节 选题背景及意义

一、选题背景

在经济高质量发展的背景下,"质量变革、动力变革、效率变革"已成为我国目前及未来经济发展的主旋律。党的十九大报告重点强调经济增长和发展的高质量,党的二十大报告再次强调高质量发展是全面建设社会主义现代化国家的首要任务。经济高质量发展是能够更好满足人民日益增长的美好生活需要的经济发展方式、结构和动力状态(金碚,2018)。那么,该如何实现"效率提升""结构优化"与"动力转换"的经济增长和发展目标呢?

近年来,我国服务业在国民经济中的所占份额不断增大,已经超过50%,其中生产性服务业增加值占服务业比重的60%,对经济增长的拉动作用日益突显。理论上,生产性服务业作为全球价值链的重要组成部分,产业关联度高、跨界服务性强,贯穿整个产业链的诸多环节,是推动经济高质量发展的重要突破口。生产性服务业将专业分工深化的知识资本与人力资本作为中间投入引入制造业生产全过程,正由生产力"促进功能"转化为促进产业结构调整的"战略功能"。然而,相关研究发现,一些地方政府盲目跟进相似产业政策或照搬其他地区的产业集聚模式,导致生产性服务业"低质量、多样化"集聚(韩峰和阳立高,2020),产业结构的服务化转型在总体上加速了服务业空间扩散和产业同构化。因此,如何选择适宜的生产性服务业发展模式,发挥生产性服务业的集聚效应,提升产业结构调整的创新效应，以减少要素资源的空间错配等问题显得尤为重要。生产性服务业能否成为支撑经济高增长发展的新力量，是关系到中国转变发展方式、优化产业结构、转换增长动力的重大现实问题。鉴于此，本研究以提升城市经济发展质量为导向，以产业结构效应和绿色全要素生产率增长效应为视角，以不同层级城市的产城协调发展情况为考量，研究生产性服务业促进城市经济高质量发展的作用机理、效应测度和政策路径。

二、选题意义

（一）理论意义

第一，从"绿色"和"外部性"的角度，拓展了生产性服务业发展与城市经济增长质量的理论研究。本研究将"能源消耗""污染排放"及"集聚外部性"引入经济增长的理论框架，进而研究生产性服务业集聚促进经济增长质量提升的作用机理。现有关于经济增长的研究多数没有在投入和产出中考虑能源消耗和环境污染因素，尚未融入高质量发展的重要理念。本研究旨在探索生产性服务业能否促进经济增长质量提升，以及其产业发展的集聚模式与产业结构优化、绿色效率提升能否实现珠联璧合，在经济学"外部性"思想的启发下，就生产性服务业集聚对产业结构优化和绿色全要素生产率增长的作用机理展开论述。这在一定程度上丰富了区域经济增长研究的相关理论。

第二，通过研究不同类型生产性服务业的不同产业集聚模式对经济增长质量的异质性作用，本研究进一步丰富了"集聚外部性"理论。"集聚外部性"理论的核心思想是共享、学习和匹配，与知识技术溢出和规模经济效应密切相关。但这只表明合理的产业集聚模式有利于技术进步、知识溢出、专业化分工，从而提高了企业竞争力，而没有进一步说明究竟什么类型的产业集聚才是合理的产业发展模式。生产性服务业的发展存在外部性并显现了空间集聚的趋势，因而检验生产性服务业的不同发展模式对产业结构优化和绿色经济效率提升的影响是对"集聚外部性"假说的再检验。以提升城市经济增长质量为导向，对不同类型生产性服务业的不同发展模式的"外部性效应"进行多角度综合检验，在一定程度上可以弥补上述理论的不足。

(二) 现实意义

第一，研究生产性服务业发展影响城市经济增长质量的机理和效应，从产业结构优化和增长动力转换的角度为城市经济从实现高速增长向高质量发展转变提供事实基础，有助于采取一系列以新旧动能转换为本质的产业政策来促进城市经济高质量发展。探究城市生产性服务业对产业结构优化和绿色全要素生产率增长的异质性作用，对我国提高资源配置效率、降低资源环境负荷、加快产业结构升级、推进以城市群为空间载体的不同层级城市协同发展具有重要的现实意义，有利于我国城市经济高质量发展。

第二，本研究从城市层级体系视角探讨在经济高质量发展的目标下如何发挥生产性服务业的产城协同效应，为不同类型城市选择差异化的生产性服务业行业及集聚模式提供了政策思路，对探索城市差异化的经济高质量发展路径具有重要的实践意义。在实施旨在优化产业结构的"退二进三"① 产业政策的过程中，必须认识到不同类型的生产性服务业及其不同产业发展模式对经济增长质量的影响在不同层级城市间存在异质性。因而，生产性服务业集聚水平与区域经济增长质量提升之间并不是必然的正向关系，而是受多种因素制约的。本研究实证分析生产性服务业与其不同产业发展模式对不同层级城市经济发展质量的影响，探究与城市层级相匹配的生产性服务业发展模式及行业选择，有助于地方政府因地制宜地制定生产性服务业发展政策，促进产业结构优化升级、绿色经济效率提升和产业集聚效应有效释放。

第二节 国内外研究现状

一、经济增长质量及其影响因素

经济高质量发展的本质是强调经济增长质量，现有相关研究成果主要集中在经济高质量发展的内涵界定、测度评价和影响因素分析等方面。

(一) 经济高质量发展的内涵

现有文献对经济高质量发展的内涵和定义做出了阐述。经济高质量发展

---

① 指在产业结构调整中，缩小第二产业比例，同时发展第三产业的一种做法。

是经济发展的有效性、充分性、协调性、创新性、分享性和稳定性的综合，是不断提高全要素生产率，实现经济内生性、生态性和可持续性的有机发展，是以改革开放精神为支撑，以"创新+绿色"为经济增长新动力的发展，是中国经济发展的升级版（任保平，2018；周振华，2018）。金碚（2018）认为经济高质量发展是能够更好满足人民不断增长的真实需要的经济发展方式、结构和动力状态。任保平（2018）认为，经济高质量发展是经济发展质量的高水平状态，包括经济发展、改革开放、城乡发展和生态环境的高质量。与经济高速度增长的含义不同，经济高质量发展意味着经济发展不再简单追求量的扩张，而是以质取胜，反映的是经济增长的优劣程度，是量与质相协调的演进发展，强调从高速度到高质量的转变，强调从增长到发展的变化（任保平，2012；赵华林，2018；任保平和李禹墨，2018；张军扩，2018）。由此可见，经济高质量发展是新常态下中国经济总量高速增长之后的新阶段、新要求、新战略，涉及经济发展、民生改善、社会发展、生态建设等多方面内容。

（二）经济高质量发展的测度

经济高质量发展的表征包括单一指标和综合指标两大类。学术界对经济高质量发展或增长的内涵和测度并未完全达成共识，但大多数文献都指出实现经济高质量发展的关键在于提高经济效率。对此，学者们通常使用全要素生产率（Zhang and Kong，2010；Mei and Chen，2016；李平 等，2017；张月友 等，2018；贺晓宇和沈坤荣，2018；马茹 等，2019；刘思明 等，2019）或者劳动生产率（陈诗一和陈登科，2018）衡量经济高质量发展。

就单一指标而言，受 Solow（1956）、Jorgenson 和 Griliches（1967）经济模型的影响，学者们通常采用全要素生产率衡量经济高质量发展（Zhang and Kong，2010；Mei and Chen，2016；李平 等，2017）。此外，部分学者认为增加值率与经济增长质量密切关联，并以此表征经济增长质量水平（刘瑞翔，2011）。但以增加值率衡量经济增长质量受门槛上限影响，低于或高于该门槛值会有不同的反应效果（范金 等，2017）。同时，部分学者运用企业中间投入产出率、投资效率、劳动生产率增长等指标衡量经济增长质量水平（沈坤荣和傅元海，2010；唐毅南，2014），这些单一指标虽然具有一定成效，但存在较大的片面性和局限性。

就综合指标而言，学者们运用主成分分析法、因子分析法使用各类指标综合测算出经济高质量发展指数，通过构建综合评价指数来测度经济发展质量成为近年来的研究热点。学者们基于不同侧重点，选取多种经济社会指标，为各类指标赋予权重，构建综合指数以衡量经济发展质量（钞小静和惠康，2009；马轶群和史安娜，2012；Frolov et al.，2015；Qi，2016；詹新宇和崔培培，2016；魏敏和李书昊，2018）。钞小静和惠康（2009）侧重于考察经济增长可持续性和人民福利水平，将经济增长质量分为经济增长的结构、经济增长的稳定性、经济增长的福利变化与成果分配，以及资源利用和生态环境代价四个维度。国际货币基金组织（International Monetary Fund，IMF）于2014年开发了一组增长质量指数来衡量经济基本面和社会发展两个维度的质量。马轶群和史安娜（2012）从方式质量、过程质量和结果质量三方面入手，刻画了中国经济增长质量评价体系。以"五大发展理念"为逻辑依据，詹新宇和崔培培（2016）对2000—2014年中国经济增长五个方面的质量水平进行了量化评价。把握新常态下的新理念与新要求，魏敏和李书昊（2018）重构经济增长质量测度体系，揭示了新常态下中国各省份经济增长质量水平的空间分布。而Qi（2016）构建了涵盖规模、绩效、结构和协调的经济增长质量测度体系；Frolov等（2015）则基于矩阵方法，结合年均生产率增长率和人均发展指数构建了区域经济增长质量评价体系。这些评价指标体系各具特色，但主要存在两类问题：一是过程指标与结果指标混同，高质量发展是社会经济发展的结果体现，应选择结果指标；二是同类指标重复，即重复出现具有较高相关性或相似性的指标。

（三）经济高质量发展的影响因素研究

现有相关文献更多聚焦于探索推动经济高质量发展的政策建议，认为推动经济高质量发展要提升生产力质量（任保平和李禹墨，2018），优化需求和供给的动力结构（蒲晓晔和Jarko Fidrmuc，2018），以效率变革为核心导向（茹少峰 等，2018），以科技创新为动力转换（陈昌兵，2018），着力加强现代化动力、产业、供给及制度体系建设（师博，2018），也需要注重生态环境建设（王夏晖和何军，2018）。

随着相关研究不断深入，一些学者开始围绕经济高质量发展和高质量增长的影响因素开展实证研究，分析了外商直接投资（随洪光，2013；李娜娜和杨仁发，2019）、企业投资（郝颖 等，2014）、财政分权（林春，2017；杨志安和邱国庆，2019）、新型城镇化（彭宇文，2017）、环境治理（陈诗一和陈登科，2018；王群勇和陆凤芝；2018）、现代经济体系（晓宇和沈坤荣，2018）、科技人才（马茹 等，2019）、创新驱动力（刘思明 等，2019）

等对经济发展质量的影响。具体而言，杨志安和邱国庆（2019）选取2000—2017年中国省级面板数据，将地区发展与民生指数作为经济高质量发展的一个重要指标，运用系统广义矩估计法（generalized method of moments, GMM）研究发现财政分权显著抑制了经济高质量发展，二者之间呈现一定的倒"U"形关系。陈诗一和陈登科（2018）采用劳动生产率来度量经济发展质量、考察雾霾污染对中国经济发展质量的影响，研究发现雾霾污染显著降低了中国经济发展质量，而政府环境治理能够有效降低雾霾污染从而促进经济发展质量的提升。李娜娜和杨仁发（2019）的研究表明，外国直接投资（foreign direct investment，FDI）能够显著促进区域经济高质量发展，且对于不同的经济高质量发展水平，FDI的促进作用呈现差异性。郭美晨和杜传忠（2019）利用增长核算模型和两部门模型，对信息通信技术提升我国经济增长质量的效应进行了实证分析，研究发现信息通信技术可以显著提升要素生产率，优化产业结构，有利于提升经济高质量发展。马茹等（2019）利用动态面板模型实证考察科技人才对中国经济高质量发展的影响，研究表明科技人才是人力资本通过提高自主创新能力和加快前沿技术追赶速度来显著提升全要素生产率最主要的发力者，中国科技人才对全要素生产率提升贡献总体较小，促进经济高质量发展的巨大潜能仍有待释放。刘思明等（2019）考察国家创新驱动力的经济高质量发展效应和机制，研究发现无论是创新驱动力综合指数还是科技创新和制度创新指数均对一国全要素生产率具有显著正向影响。

就目前的文献看，学术界对经济发展质量的研究尺度大多停留在省际层面，而对于中国区域经济发展而言，省份内部的城市之间同样存在发展不均衡，城市经济高质量发展的影响因素可能更具多元化和异质性。

二、生产性服务业发展对经济增长的影响

关于生产性服务业集聚影响经济发展的多数研究表明，生产性服务业通过降低技术交易成本、强化技术创新、提高技术扩散效率的正向反馈机制，有利于国家或地区经济增长与劳动生产率提升（Eswaran and Kotwal，2002；Wood，2010；Aslesen and Isaksen，2010）。进一步相关研究发现，生产性服务业集聚的地区经济增长或生产率效应受制于政府规模（李筱乐，2014）、城市规模（金晓雨，2015；黄斯婕和张萃，2016；曹聪丽，2019）、经济总量（张浩然，2015）等因素。同时，也有少量文献讨论了生产性服务业集聚

与区域能源效率（于斌斌，2018）、城市化（韩峰、洪联英和文映，2014）、碳排放（韩峰和谢锐，2017）的关系。具体而言，Eswaran 和 Kotwal（2002）指出，生产性服务业能够通过投资与营商环境改善，降低厂商技术合作的交易成本，从而强化技术创新与技术扩散，进一步集聚高素质专业人才形成正向反馈机制，最终促进地区经济增长与劳动生产率提升。Wood（2010）指出，知识密集型的商务服务及集聚主要通过技术创新、组织结构和管理模式改进、推动上下游经济的创新活动，因而生产性服务业集聚提高了技术扩散效率，引导所服务企业采用新技术、新方法和新工艺，增强了区域经济适应外部市场变化的能力，促进了区域经济增长。Aslesen 和 Isaksen（2010）进一步分析了生产性服务业与经济增长之间的相互关系，认为生产性服务业集聚通过推动高新技术的产生，促进了区域经济增长，而经济增长的正向反馈机制又对生产性服务产生更多需求，从而促进了生产性服务业的集聚和升级。韩峰、王琢卓和阳立高（2014）的研究表明，生产性服务业空间集聚在范围 100 千米内对经济增长具有明显正向技术溢出作用。黄斯婕和张萃（2016）基于城市和行业层面的研究表明，生产性服务业集聚对城市生产率的影响显著为正。近年来，还有研究通过增加约束条件来进一步分析生产性服务业的经济增长效应。例如，李筱乐（2014）认为，生产性服务业发展对经济增长的促进作用受制于政府规模，政府规模不宜过大，当其规模过大时，会导致生产性服务业的区域经济增长效应显著减弱；金晓雨（2015）认为，生产性服务业集聚仅能促进大城市的生产率提升；张浩然（2015）以城市经济总量为门槛实证生产性服务业集聚对经济效率的影响，结果表明经济总量越大，高端生产性服务业的集聚效益越显著；曹聪丽（2019）提出，生产性服务业发展的经济增长效应受到经济发展阶段和城市规模的约束。

三、文献评述

现有文献为本研究的研究设计、理论分析和实证分析奠定了基础并指明了方向，但已有研究仍存在一些不足之处，具体表现在以下三个方面。

第一，对经济高质量发展或高质量增长的测算及相关研究，城市层面尺度的研究严重匮乏。无论是单一指标还是综合指标，现有文献大多使用省级层面数据。其中，关键指标经济效率多采用全要素生产率或劳动生产率，而采用包含"能源消耗"和"环境污染"的绿色全要素生产率衡量经济效率的研究较少,且同时综合考虑非期望产出的基于松弛值测算模型(slacks-based measure,SBM)、超效率和全局曼奎斯特·卢恩伯格(global Malmquist-Luenberger,GML)生产率指数方法的研究更少。

第二,鲜有文献从生产性服务业发展的视角考虑如何促进经济高质量发展。对于哪些因素能够促进经济高质量增长或发展的研究,现有文献多侧重于对环境规制政策、创新驱动、外商直接投资、财政分权、新型城镇化、技术进步等方面展开研究,同时缺乏直接探讨生产性服务业如何影响经济高质量发展的研究。

第三,现有文献对产业、人口、空间要素叠加作用的研究较少,多数文献忽略了三者之间的交互作用。此外,现有文献未能就产业集聚效应约束条件充分考虑城市规模层级差异、产业类型与产业发展模式的互动,缺乏以此来分析产业布局对经济高质量发展影响的研究。

第三节 研究内容

本研究通过定性分析与定量分析相结合及理论研究与实证研究相结合的研究方法,围绕生产性服务业影响城市经济高质量发展的作用机理、效应测度与政策路径展开研究。

一、核心概念界定

(一)经济高质量发展

对经济高质量发展概念的界定决定了研究的视角与内容。经济高质量发展的关键环节在于生产环节,生产环节高质量发展是分配环节和消费环节高质量发展的前提条件,只有生产环节高质量发展才能保障有足够的资金和资源来提高教育水平、发展医疗卫生事业,提高人民生活质量。从经济高质量增长与高速增长的差异出发,高质量的经济增长应在结构和动力上更加完善,是经济发展新动能转换、效率提升和结构优化的发展状态(金碚,2018)。质量不仅指产品能够满足实际需要的使用价值特性,还指产品具有更高性价比,具有能更有效满足需要的质量合意性和竞争力特性,且质量因素最终要体现在全要素生产率上（刘志彪 等，2020）。因此，本研究将经济高质量发展界定为两个方面：一是与高质量的经济发展相适应的产业结构优化升级，二是考虑资源消耗和环境污染因素的绿色全要素生产率提升。

（二）生产性服务业

结合国家统计局对生产性服务业的分类和城市分行业就业统计口径，本研究中的生产性服务业包括"交通运输、仓储和邮政业""信息传输、计算机服务和软件业""批发零售业""金融业""租赁和商务服务业""科学研究、技术服务和地质勘查业"。根据不同行业的人均产值与技术密集度差异，将"金融业""信息传输、计算机服务和软件业""科学研究、技术服务和地质勘查业"界定为高端生产性服务业，将"交通运输、仓储和邮政业""租赁和商业服务业""批发零售业"界定为中低端生产性服务业。

二、研究目标

本研究的主要目标是考察生产性服务业发展在城市经济高质量发展中的作用，进而探索如何促进生产性服务业发展的区域经济高质量增长效应最大化，并对相应的产业发展路径提出政策建议。以提高城市经济质量为导向，以产业结构优化效应、绿色全要素生产率提升效应为视角，以不同层级城市的产城协调发展为考量，重点研究我国生产性服务业促进城市经济高质量发展的作用机理、效应测度及政策路径。总体而言，本研究以期通过理论分析和实证分析实现以下三个目标。

第一，本研究旨在构建生产性服务业集聚与经济高质量发展的理论框架，探索生产性服务业促进城市经济高质量发展的作用机制。通过系统梳理相关基础理论和国内外文献，从产业结构优化、绿色全要素生产率等方面阐述生产性服务业集聚促进城市经济高质量发展的作用机理。

第二，本研究旨在实证检验生产性服务业集聚对城市经济高质量发展的异质性影响。通过科学设计实证模型和变量，探讨不同类型生产性服务业的不同发展模式在不同层级城市产业结构优化和绿色全要素生产率增长中的异质性作用，为相关区域产业政策提供经验证据。

第三，本研究旨在为生产性服务业集聚促进城市经济高质量发展政策设计的完善提供参考建议。根据本研究的作用机理分析和实证研究结果，探讨城市层级体系下不同层级城市的生产性服务业行业选择、生产性服务业发展模式，激励城市产业结构优化和绿色全要素生产率增长，充分发挥城市生产性服务业促进经济高质量发展的积极作用。

三、拟解决的关键问题

本研究致力于解决以下三个关键科学问题。

第一，构建生产性服务业发展对城市经济高质量发展影响的理论机理与分析框架。系统考察生产性服务业发展模式对城市经济质量影响的异质性，结合经济增长理论、产业集聚理论、产业可持续发展理论、知识溢出理论、协同创新理论和创新集群理论分析生产性服务业对产业结构优化和绿色全要素生产率提升的作用机理。

第二，从城市产业结构优化和绿色全要素生产率提升两个维度，探究生产性服务业发展模式对城市经济高质量发展的影响。有效解决绿色全要素生产率指数测算过程中存在的"变量松弛、有效决策单位（decision making unit，DMU）的可区分性、跨期可比较"的关键性科学问题，从而科学衡量城市经济高质量发展。鉴于"质量变革是主体，效率变革是主线，关键是提高全要素生产率"的指导思想，构建"绿色全要素生产率指数"，将其作为评价经济增长质量的重要指标之一。

第三，为我国城市经济高质量发展路径与生产性服务业集聚产业政策制定提供参考建议。将生产性服务业集聚效应的逻辑机理、现实困境与国际经验相结合，探索既汲取国际经验又顺应中国经济新常态的产业发展路径，为我国生产性服务业集聚促进城市经济高质量发展的政策选择提供参考建议。

第四节 研究方案

一、技术路线和全书结构

本研究涉及生产性服务业促进经济增长质量提升的作用机理、生产性服务业集聚对城市经济增长质量的影响效果、经济高质量增长目标下城市生产性服务业发展模式的政策路径。本研究的技术路线如图1-1所示。

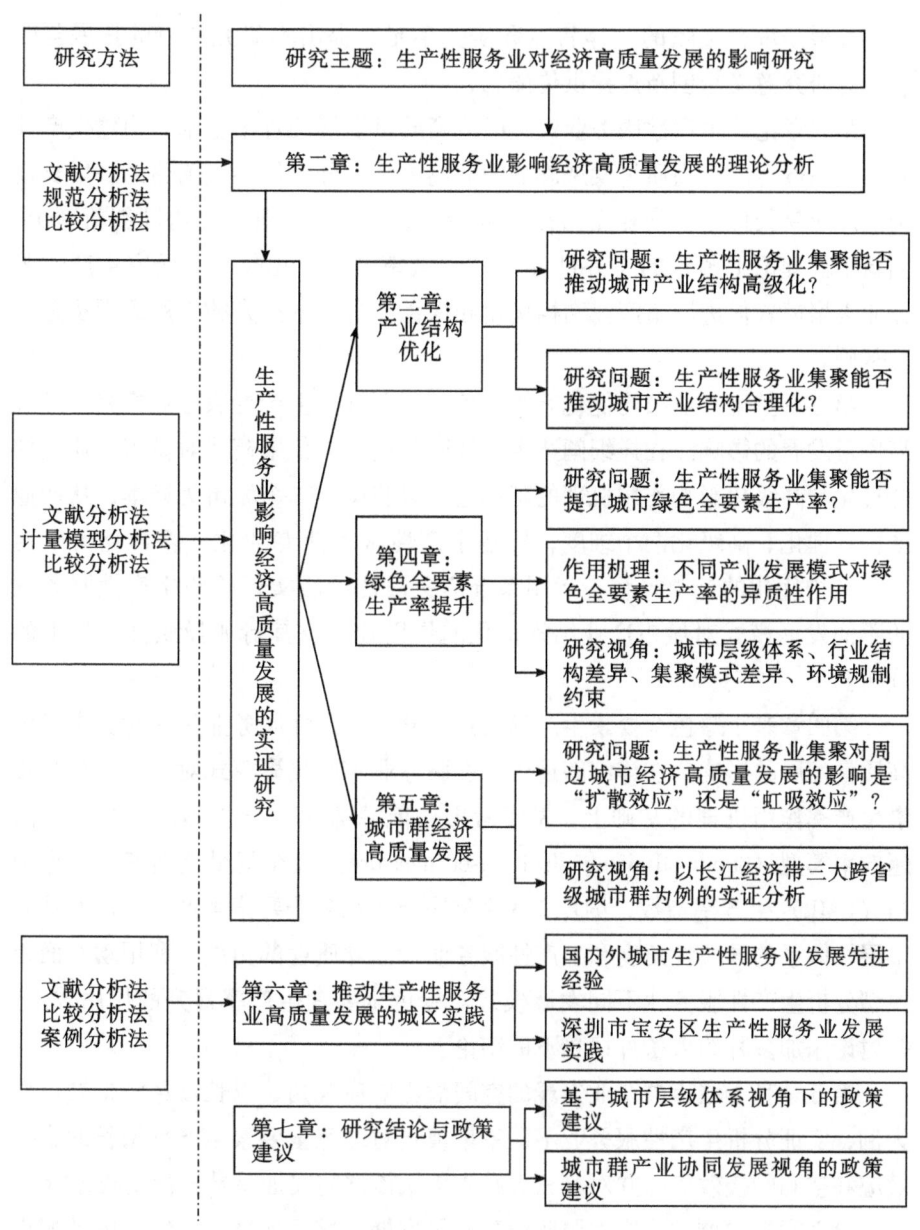

图1-1 技术路线

全书共包括七章，具体结构安排如下：

第一章"绪论"，主要论述了选题背景及意义、国内外研究现状，以及本研究内容、研究方案和可能的创新点，界定了研究对象的基本概念，梳理了经济高质量发展及其影响因素、生产性服务业对经济增长影响的相关文献，并根据现有文献的总体特点和研究不足，提出本研究进行的拓展与改进，为研究意义与创新点提供佐证。

第二章论述生产性服务业促进经济高质量发展的理论基础，构建生产性服务业集聚对经济高质量发展影响的理论体系和分析框架，阐述经济增长理论、产业集聚理论、产业可持续发展理论、知识溢出理论、协同创新理论、创新集群理论中蕴含的"外部性"及"效率导向"思想，为研究生产性服务业集聚模式促进城市产业结构优化和绿色经济效率提升的作用机理奠定理论基础。

第三章基于产业结构优化升级视角，实证分析生产性服务业集聚对经济高质量发展的影响。在详细阐述生产性服务业不同集聚模式对城市产业结构合理化与高级化影响作用机理的基础上，以我国283个城市为样本，从产业结构合理化、高级化两个维度，构建生产性服务业专业化、多样化集聚与产业结构优化的计量模型，运用系统广义矩估计法实证检验生产性服务业的不同发展模式对城市产业结构优化的作用效果及其行业异质性情景下的分析。

第四章基于绿色全要素生产率视角，分析生产性服务业集聚对城市经济高质量发展的影响。在详细阐述生产性服务业不同集聚模式对城市绿色全要素生产率作用机理的基础上，基于考虑"能源消耗"与"非期望产出"的超效率模型（super efficiency slack-based measure）及全局曼奎斯特·卢恩伯格（GML）生产率指数，测算283个城市历年绿色全要素生产率，进而从城市层级体系的异质性角度和生产性服务业行业异质性的角度，利用动态面板模型分析生产性服务业不同发展模式对绿色全要素生产率提升的作用效果，并讨论添加多种约束条件情景下的结论。

第五章基于城市群产业集聚的空间溢出效应视角，以长江经济带城市群为例，实证分析生产性服务业不同集聚模式对绿色全要素生产率增长的直接效应和空间间接效应，并对其三大跨省级城市群的实证差异进行比较分析。

第六章探讨推动生产性服务业高质量发展的城区实践，总结国内外城市生产性服务业发展的先进经验，并分析深圳市宝安区生产性服务业发展实践。

第七章"主要结论与政策建议"，对本研究的主要结论进行了归纳和总结，基于城市层级体系视角，从如何实施差异化的城市生产性服务业发展模式、如何改善影响生产性服务业集聚效应的约束条件、如何促进不同层级城市的产业协同发展等方面，提出了依托生产性服务业促进城市经济高质量发展的政策建议。

二、主要研究方法

文献分析法。结合国内外相关文献，一方面梳理生产性服务业发展、经济高质量发展及经济增长质量的相关文献，归纳、总结现有文献的研究内容、研究方法和研究结论，并就现有文献中的不足点进行相关研究评述；另一方面，整理以往生产性服务业产业集聚政策并对相关政策文件进行梳理分类。

规范分析法。依据经济增长理论、产业集聚理论、产业可持续发展理论、知识溢出理论、协同创新理论、创新集群理论，分析生产性服务业发展影响经济增长质量的理论基础；考虑资源环境的约束，构建生产性服务业影响产业结构和绿色全要素生产率的理论框架；从多个视角分析生产性服务业发展模式对城市产业结构优化和绿色全要素生产率的作用机理，遵循规范分析中对"应该是什么"进行阐述的研究路径。

计量经济模型分析法。本研究运用计量经济学中的动态广义矩方法分析不同城市规模层级和不同行政层级体系下的城市生产性服务业发展模式与产业结构优化、绿色全要素生产率增长的关系，不仅可以有效缓解内生性问题，还可以在考虑了时间维度上的路径依赖特征的基础上，检验生产性服务业集聚发展和城市产业结构变迁、绿色全要素生产率提升之间是否存在惯性。

比较分析法。本研究将我国地级及以上城市按照城市规模层级和城市行政层级分组，通过实证比较城市层级体系中不同生产性服务业行业的不同发展模式对城市经济高质量发展的影响效果，判断产业政策的有效性，进而对不同类型城市实施差异化的产业发展政策提供理论和现实依据。

第五节 研究的创新点

本研究理论和实证分析了生产性服务业对城市经济增长质量的影响，可能的创新点主要包括以下三个方面。

第一，研究内容上，探讨了生产性服务业集聚对经济高质量发展的影响，并阐释了二者间的作用机理。在区域经济增长质量及经济高质量发展的相关研究中，鲜有将生产性服务业发展作为其驱动因素，因而本研究有助于进一步探索经济高质量发展的新机制与新路径。

第二，分析视角上，在产业—人口—空间匹配的思路下，将城市规模等级、产业集聚模式、行业类型同时纳入生产性服务业集聚效应的分析框架，探究了生产性服务业的合理发展模式。以产业结构效应和绿色全要素生产率增长效应为视角，探讨了不同层级城市异质性生产性服务业的不同发展模式，以期促进经济高质量发展的作用机理、效应识别和政策选择。从不同规模层级城市、不同类型生产性服务业、不同产业集聚模式三个维度，分析了外部约束条件制约下生产性服务业影响经济高质量发展的异质性作用，有助于探索差异化的生产性服务业发展模式与经济高质量发展路径。

第三，样本选取上，考虑到现实中我国各省的各个城市并非同质化单元，城市尺度的研究结论更具多元化和异质性，采用我国283个城市的面板数据进行实证分析，弥补了在城市层面相关研究的不足，因而研究结论更具现实价值。相较于省级层面数据，城市数据更能真实、客观地反映区域经济质量的空间异质性，有利于更深入地分析差异化的生产性服务业发展模式对经济高质量发展的异质性作用。

第二章　生产性服务业影响经济发展质量的理论分析

第一节　相关理论基础

一、经济增长理论

经典经济增长理论主要包括古典经济增长理论、哈罗德－多马模型（Harrod-Domar model）、新古典经济增长理论、新经济增长理论、结构经济学和制度经济学理论。古典经济增长学派的经济学家亚当·斯密（Adam Smith）强调分工及利用绝对优势开展国际贸易的重要性，强调生产活动中劳动力投入要素在经济增长中的决定性作用。古典经济学家大卫·李嘉图（David Ricardo）在绝对优势理论的基础上进一步提出了比较优势贸易理论。经济学家哈罗德和多马提出的哈罗德－多马模型认为，生产函数中只有劳动和资本两种要素，且两种要素不能够被替代，指出储蓄对经济增长有着驱动作用，增长率由储蓄和资本产出比决定。美国经济学家罗伯特·索洛（Robert Solow）发展了新古典经济增长理论，在新古典经济学的框架下，假设规模报酬不变及生产要素边际报酬递减，提出了经济增长模型。索洛增长模型（solow growth model）指出，技术进步对经济增长有重要作用，当经济达到均衡状态时，经济体的人均产量增长的速度完全取决于技术进步率，然而此时的技术进步是外生给定的。索洛模型并没有说明技术进步变化的来源。

新经济增长理论。经济发展的第三个阶段是内生经济增长阶段。新经济增长理论学派的代表、经济学家保罗·罗默（Paul M. Romer）1990年提出技术进步内生增长模型，认为知识和专业化人力资本积累所引起的递增收益能够驱动经济持续增长，把经济增长建立在内生技术进步上。新经济增长理论与新古典经济增长理论有以下四个方面的不同：其一，新经济增长理论将知识和专业化的人力资本引入增长模型；其二，新经济增长理论突出技术的内生性，强调大部分技术源于利润最大化有意识投资的产物；其三，新经济增长理论指出了"干中学"及知识外溢在经济发展中的重要作用；其四，新经济增长理论重新确立了政府政策在经济发展中的地位。新经济增长理论虽然没有把聚集经济现象提出来进行专门的研究，但是内生经济增长理论的核心思想却明显涉及了集聚经济的内容。罗默的内生增长模型将创新内生化并视为总量生产函数中的投入要素，从本质上看，总量生产函数中的规模报酬递增源于创新存量的非竞争属性。罗默指出，创新不同于普通生产产出，创新具有非排他性的特殊属性。也就是说，其他企业也可以通过增强与创新企业的联系而从创新企业的技术知识溢出中获利，因而从单个厂商的层面看，生产要素的规模报酬不变。然而，就区域整体层面而言，创新存在规模报酬递增。企业为追逐创新带来的规模报酬递增效应，将会优先考虑选择在总体创新能力较强的区位集聚，因此创新的地理集中就会形成聚集经济。

结构主义学派在新古典经济增长理论和新经济增长理论的衔接期兴起。该学派指出，除劳动力投入、资本投入和技术进步之外，经济结构的调整有助于激发经济增长活力，但结构变化往往需要借助外力，若结构转换动力不足将阻碍经济增长。

另外，关于经济增长的最新研究方向是探讨制度因素在经济增长中的作用。不同于其他经济增长学派将经济增长归因于要素积累、技术进步或结构调整，制度经济学认为制度也是经济增长中不容忽视的重要因素，并且能够作为驱动机制而对上述诸要素施加影响，合理的制度安排也是生产要素集聚、技术进步和产业结构优化的重要保障。

二、产业集聚理论

不同学科和流派从不同视角研究产业集聚问题，产生了多种产业集聚理论，尤其是 20 世纪 90 年代以迈克尔·波特（Michael Porter）、保罗·克鲁格曼（Paul R. Krugman）为代表的经济学家们，通过融合产业经济学、区域经济学、国际经济学、新经济地理学、发展经济学的相关理论知识，提出较为系统的产业集聚理论。

（一）马歇尔集聚外部性理论

1890年，马歇尔（Marshall）在《经济学原理》中详细论述了工业为何会集中于特定地区形成工业区，分析了工业区形成的原因与作用，奠定了产业集聚理论的基础。他提出，工业区产生原因中的劳动力市场共享、中间投入品行业的规模和技术外溢，被后来的经济学家总结为产业集聚理论的三个重要原理。生产上有密切联系或产业布局上有共同指向的产业，分布在某个拥有特定优势的区域，每个企业都因与其他关联企业接近而改善自身发展的外部环境并从中受益，区域内企业或组织的总体功能大于各组成部分功能之和。产业集聚能形成具备区域产业特色、细化产业分工、优化产业结构、减少产业组织内损耗、降低交易成本等竞争优势。然而，马歇尔的新古典经济学说中假设了规模报酬不变，因此马歇尔用"外部经济"解释不同层次的经济活动在空间上的集聚，表现为公司层面上的规模报酬不变，而社会整体层面上的规模报酬递增。

（二）韦伯的工业区位论

1909年，经济学家韦伯（A. Weber）提出的工业区位论也是产业集聚理论的重要源泉，其在《工业区位论》一书中最早提出集聚经济的概念并探讨了影响产业集聚的因素。韦伯认为，理想的工业企业区位应该是在生产成本最小的区域，而运费、工资和集聚效应三大区位因素则决定了工业企业的生产成本高低。运费首先主导了工业企业的初始布局，劳动力工资的差异促使由运费决定的企业区位产生"第一次偏离"，而由于集聚经济效益带来的成本节约和收益增加，产业在地理区位上的集聚通过加深劳动力资本专业化、促进上下游企业面对面交易等方式直接降低了劳动力搜寻成本和企业间交易成本，因而集聚作用又使得由运费和工资定位的企业产生"第二次偏离"。1940年，奥古斯特·廖什（August Losch）把生产区位和市场结合，认为企业应该进一步接近市场区，他拓展了韦伯的工业区位论。

（三）波特竞争理论

迈克尔·波特在讨论国家竞争优势的过程中提到，一国的优势产业往往在地理上集聚，且用产业集聚来解释竞争力的提高。波特在集聚效应方面更多关注的是竞争优势，而不同于马歇尔的理论立足于生产联系。他指出，产业的地理集中是竞争所致，集聚有助于提升产业竞争力，并把生产要素、需求条件、相关支持产业的表现、企业的战略结构这四种环境因素称为打造国家竞争优势的钻石体系。在这个体系中，如果一个国家在某些产业中具备优势，那么这些优势会相互强化，这种强化效能够进一步推动产业的集聚。波特在1990年出版的《国家竞争优势》一书中指出，产业集群是"某一特定区域存在相互关联的公司、供应商、关联产业和专门化的制度和协会"，即这一产业群体中的产业和相关机构具有关联性、互补性，在空间集中分布并强化竞争优势。波特认为，产业集聚通过提升企业生产力、增强企业创新能力和激发新企业产生等途径影响区域竞争能力。产业集聚能够通过企业间较强的竞争关系加速产业集聚区域的技术创新、管理制度和专利制度等制度创新，最终实现创新网络环境的改善。

（四）新经济地理学理论

保罗·克鲁格曼等经济学家于1991年创立的新经济地理学，比较全面、深入地研究了产业集聚问题。20世纪80年代兴起的新贸易理论拉近了贸易理论、新经济增长理论与传统集聚经济理论之间的距离。作为报酬递增理论革命的第四波，新经济地理学借助迪克西特－斯蒂格利茨垄断竞争模型（Dixit-Stiglitz model，D-S model）、新增长与新贸易理论，在考虑地理因素的情况下，把规模报酬递增与不完全竞争的条件融入经典贸易模型，进而产生了新经济地理学理论。克鲁格曼（Krugman，1991）的《报酬递增和经济地理》与藤田（Fujita，1988）的《空间集聚的垄断竞争模型：细分产品方法》为D-S模型赋予了空间内涵。新经济地理学基于外部经济视角下的规模报酬递增与运输成本之间动态互动关系来说明生产要素如何流动，进而形成企业和产业的空间布局变化。克鲁格曼等以收益递增理论为基础，分析了产业受收益递增的影响而在空间上集聚的趋势，论述了影响产业集聚的三个因素：一是市场需求、规模经济与运输成本，二是共享专业化劳动力市场、知识信息外部性，三是产业地方化引致的生产集聚和市场规模进一步扩大。克鲁格曼在中心外围理论模型中，指出行业地理集聚受到市场准入、生活成本和市场挤出效应的影响。新经济地理学通过解释"离心力"与"集聚力"之间的动态关系如何变化来对现实中的集聚经济现象进行模拟，深入分析了两种力量制衡下的产业空间布局，并对这种制衡关系背后的微观企业决策行为进行模拟。企业的区位选择和产业的集聚受"向心力"和"离心力"的制约，其中"向心力"来自关联效应、知识信息等流动生产要素带来的外部经济,"离心力"来自作为固定生产要素的土地租金、运输费用、交通拥堵和环境污染等外部不经济。克鲁格曼认为,"向心力"与"离心力"的大小主要取决于贸易自由化水平的高低,"向心力"和"离心力"随贸易自由化水平提高而下降的程度存在差异。当贸易成本很高时,"离心力"远大于"向心力";而当贸易成本不断下降到均衡点时,"向心力"则会超过"离心力",启动循环积累因果效应,形成企业和产业的空间布局集中。

三、产业可持续发展理论

产业可持续发展的内容包括产业结构合理化与高度化、产业空间布局合理、促进新材料和新能源环保产业发展,从而提升产业技术水平和资源配置效率,发挥地区比较优势和人力资源的作用,更加有效地利用资源与保护环境,从而实现产业层面的可持续发展。可持续发展是促进经济、人口、资源与环境协调发展的重要战略,既可以体现在区域层面,也可以体现在产业或部门的可持续发展观。产业可持续发展是国家和区域可持续发展的前提条件,只有实现了中观层面的产业合理布局,才能促成宏观层面经济绩效与环境绩效的双赢。以可持续发展为原则的产业布局,不仅要着眼于追求经济效益最大化,还要关注产业发展模式对生态环境的影响,产业发展状况要与人口、资源、环境耦合协调,并且长期持续地发展。产业的发展与生态环境资源的协调也是空间结构的协调,涉及区域间及区域内部各要素间的诸多因素,因而其协调是产业发展与生态环境资源在不同区域、不同产业、不同部门的有机组合。

四、知识溢出理论

知识溢出的本质是企业或研究机构等产生的原始知识要素借助于一定的媒介渠道,在企业内部、产业内部及产业间扩散转移,进而在区域内形成正向创新效应的过程。马歇尔是对知识溢出现象进行开创性研究的学者,基于经济外部性,他提出了知识溢出理论。随后的学者主要针对知识溢出对经济增长、技术创新等方面的作用展开进一步的讨论。他们的研究思路主要分为两类:一是基于研究知识溢出效应本身,即探讨知识溢出效应产生的条件和影响因素、知识溢出的不同形式、溢出机制及其空间网络结构特征；二是研究知识溢出与经济发展之间的关系，即探讨知识溢出对区域经济增长、产业结构和技术创新的影响。例如，Jacobs（1969）等学者将知识溢出与产业集聚结合起来，研究知识溢出效应在促进区域经济增长中的重要作用；Ramajo（2015）的研究成果集中于阐释知识溢出与区域创新能力之间的互动关系。

从知识溢出理论的演变过程看，知识溢出效应既有利于区域内自身企业和产业的发展，也能促进外部区域的技术进步、产业发展和经济增长，知识溢出效应通过在企业间、产业间和区域间的三重循环作用，推动微观层面和中观层面的经济增长与发展。产业集聚区内的知识溢出得益于在地理空间上集聚的知识技术密集型企业以及产学研合作，从而激发了大量具有创新价值的先进知识产生。产业集聚区内的政府或相关行业协会机构搭建的中介服务网络体系，可以进一步放大区域内知识溢出的正向效应，加大科学技术经济成果的转化力度。因此，产业集聚区的知识溢出本质上是一种生产性虚拟要素，长期而言，理应有利于区域产业结构优化和全要素生产率增长，从而促进区域经济增长质量提升。

五、协同创新理论

协同创新的本质是各大创新主体在共同利益机制和外界政策激励作用下所产生的创新组织体系。其中，创新的主体主要是政府、企业、高校、科研院所、各类知识技术密集型的支撑机构和服务平台。协同创新是跨主体、跨行业、跨平台的资源整合，其目的是促进创新主体在不同创新环节中实现深度融合，充分发挥各主体的比较优势，通过协同效应提高创新效率，促进区域内创新要素资源配置效率提升。麻省理工学院的彼得·葛洛（Peter Gloor）是最早研究协同创新现象的学者，他主要研究了协同创新的作用路径，从信息网络系统的角度分析了协同创新的过程。Huber（1998）基于技术研发过程，从协同创新的目的出发，对协同创新体系的创新效应展开了深入的分析。总之，整个协同创新过程是一个系统化的综合处理过程。相关理论研究认为协同创新大致可以分为三个层面：一是资源整合和主体互动，二是协同机制与作用路径，三是实现协同创新绩效的提升。

协同创新是技术创新的高级阶段。20世纪50年代后，西方经济学家以经济增长为目标思考技术创新，相关研究可分为以下三个阶段：第一阶段，在总量生产函数中纳入技术进步因素。索洛指出技术进步对经济增长的重要作用，技术受外部性等市场失灵因素的影响，适当的政府干预有利于技术创新。第二阶段，以技术创新的模仿和推广为研究对象，最具代表性的是曼斯菲尔德的技术推广模式。第三阶段，以国家为技术创新的主体进行研究，突出国家创新体系在创新资源配置机制中的主体功能，政府、企业、科研机构和相关中介服务机构等为寻求共同社会经济目标，推动知识的创新、引进、扩散与应用。协同创新通过大量异质性创新资源的汇集和整合，激发出高于原有知识形态的制度和知识技术创新。经济社会中各个主体的创新功能不同，协同创新模式为创新生态系统提供组织体系保障，能够提高不同创新主体对创新资源的有效利用程度，重塑要素资源的创新价值，从而加速区域内企业的高精尖技术研发和科技成果转化，促进区域创新升级和经济增长质量提升。产业集聚区的协同创新主要表现为三螺旋协同创新模式。根据三螺旋主体的力量强弱，可以将三螺旋协同创新大致分为大学主导型、企业推动型和政府引导型。三螺旋创新理论最早源于 Henry Etzkowitz 等（1995）对美国高科技园区的研究，该研究把大学、产业、政府紧密联系在一起，三者在人才流、信息流、知识流的共振下，形成了螺旋式上升的创新过程。政府、大学、产业作为支撑整个协同创新网络体系的三大主体，可以突破传统产业边界，实现主体协同创新"1+1+1＞3"的创新效应。

六、创新集群理论

创新集群本质上是大量生产新知识、新产品、新技术的创新型企业和研究机构在地理空间中集聚，并且与外界形成有效互动结构的产业组织形态。创新集群理论是由 Rosenberg（1984）提出的，他在研究技术模仿与技术扩散中分析了形成创新集群的基础条件和影响因素。随后，学者们从不同角度对创新集群进行了大量研究。例如，Isabel Bortagaray（2000）重点分析了创新集群的内涵；Kongrae Lee（2003）研究发现创新集群的主要特征是知识共享、技术创新和新产品增值。国内相关研究中，学者钟书华（2008）系统地论述了创新集群的概念，从网络视角界定创新集群，指出创新集群是由企业、科研机构、风险投资机构、中介服务组织等组成的，通过产业链、价值链和创新链形成战略合作联盟，从而构建出具有集聚经济和大量知识溢出特征的"技术—经济"网络生态系统。

创新集群由产业集聚的产业发展形态不断升级而来，对提升区域经济增长质量具有重要意义。创新体系通过对知识的传播体系、市场体系和生产体系的区位分布影响聚集经济。一方面，创新的结果通常表现为知识，而知识又分为公共知识和技术知识。公共知识容易传播且远距离传输的成本低，而技术知识是非模式化的，只能通过个人参与或面对面交流、示范等互动学习方式直接传输，其地理集中有利于在"干中学"中进行技术改进。因此，企业为就近从非模式化技术和前沿科技信息的知识溢出中受益，会优先考虑在同类企业和科研机构较密集的地区集聚。创新活动所依赖的技术改变越快或复杂性越强，其非正式传递就越重要，厂商间的距离对创新的影响就越强。另一方面，创新信息的有限性和创新结果的不可知性决定了创新过程的风险不确定性。正是创新的这种风险不确定性，使得不同企业倾向于在同一区域集聚，便于获取资源并在互动中相互学习，形成良性的创新网络，从而降低创新的风险成本。创新集群不仅是打造区域创新系统的中坚力量，而且是落实国家创新驱动战略的重要桥梁。国外产业集聚区的成功经验表明，创新集群是推进产业高精尖发展的主要途径，也是促进产业结构升级、区域经济发展的重要组织形态。例如，美国硅谷的创新集群发展主要得益于创新型企业、各种知识中心和相关机构空间集聚形成的协同创新效应：一是产学研一体化体系、全球人才网络体系、科技企业衍生体系为企业提供源源不断的创新动力，二是独特的创业营商环境、知识产权保护体系、开放式合作交流的创新创业生态建设，三是以风险投资、硅谷银行为支撑的一体化科技金融服务体系。

　　以上主要梳理分析了经济增长理论、产业集聚理论、产业可持续发展理论、知识溢出理论、协同创新理论和创新集群理论等相关基础理论。从经典经济学基础理论出发，阐释相关理论中蕴含的"外部性"及"效率导向"的思想，为本书研究生产性服务业影响城市产业结构优化和城市绿色全要素生产率增长的作用机理提供了重要的理论支撑。具体而言，经济增长理论的演变过程充分体现了经济增长动力的转变，开始关注技术、制度、结构等因素对经济增长的驱动力量；产业集聚理论主要基于企业的区位选择来说明产业集聚通过规模经济与范围经济获取集聚外部性的原理；产业可持续发展理论佐证了产业结构优化是高级化与合理化的有机统一，表明了产业结构合理化在区域产业结构调整中的重要作用；知识溢出理论、协同创新理论和创新集群理论从技术与制度层面揭示了集聚经济在区域创新体系形成中的作用，以及集聚经济与创新之间的双向反馈机制。这些基础理论的分析为本书研究不同类型生产性服务业不同发展模式的产业结构优化效应和绿色全要素生产率增长效应的作用机理奠定了理论基础。

第二节 理论模型构建

一、考虑资源环境约束的产出密度函数推导

（一）初始模型

初始模型为式（2-1）所示的生产密度函数，其中产出密度系数 λ 的引入，可产生规模报酬递增的效果，从集聚外部性、空间角度对传统经济增长理论有明显的改进，然而该模型并没有从环境经济学的角度在可持续发展观视角下考虑节能减排的现实约束（Ciccone and Hail，1996；Ushifusa and Tomohara，2013）。

$$q_i = \frac{Q_i}{A_i} = \Omega_i [(n_i)^\beta K_i^{1-\beta}]^\alpha \left(\frac{Q_i}{A_i}\right)^{\frac{\lambda-1}{\lambda}} \qquad (2-1)$$

式中，Q_i 代表城市的非农产出；A_i 是区域面积；q_i 为产出密度，反映集聚水平（反过来约束产出，从而提出产出密度系数 λ）；Ω_i 表示希克斯中性参数；n_i 和 K_i 分别表示就业密度和资本投入密度（分母都除以 A_i）；α 是资本和劳动在单位面积上的回报率，即拥挤带来递减的边际生产率；β 是劳动投入单位面积产出贡献率；λ 为产出密度系数，即集聚产生的外部性（λ>1），因此和内生增长理论具有异曲同工的作用，但是它是在新古典经济增长理论框架下构建的模型。

（二）改进模型

进一步把污染物排放（"坏产出"）和能源要素投入引入上述初始模型，如式（2-2）所示。

$$\frac{Q_i+C_i}{A_i} = \frac{Q_i}{A_i}\left(1+\frac{C_i}{Q_i}\right) = \Omega_i [(n_i)^\beta K_i^\ell e^{1-\beta-\ell}]^\alpha \left(\frac{Q_i}{A_i}\right)^{\frac{\lambda-1}{\lambda}} \left(1+\frac{C_i}{Q_i}\right)^{\frac{\lambda-1}{\lambda}} \qquad (2-2)$$

式中，C_i 为污染物排放；e，即 $\frac{E_i}{A_i}$，为单位面积的能源消费；ℓ 为资本投入单位面积产出贡献率；α 为资本、劳动、能源在单位面积上的回报率。

(三) 模型的均衡状态

在式 (2-2) 的基础上求解局部均衡, 结果见式 (2-3)。

$$\ln\left(1+\frac{C_i}{Q_i}\right) \approx \ln\frac{C_i}{Q_i}$$

$$= \Phi - \frac{\alpha\beta\lambda}{1-\alpha\ell\lambda}\ln\frac{Q_i}{N_i} + \frac{\alpha(1-\beta-\ell)\lambda}{1-\alpha\ell\lambda}\ln\frac{E_i}{Q_i} + \frac{\alpha\lambda-1}{1-\alpha\ell\lambda}\ln\frac{Q_i}{A_i} \tag{2-3}$$

式中, Φ 为:

$$\Phi = \frac{\lambda}{1-\alpha\ell\lambda}\ln\Omega_i + \frac{\alpha\ell\lambda}{1-\alpha\ell\lambda}(\ln\alpha\ell - \ln\gamma) \tag{2-4}$$

因此, 在考虑集聚外部性的情况下, 由式 (2-3) 可知, 产出密度系数直接作用于产出密度、能源消耗强度和区域劳动生产率, 进而影响单位产出的环境污染物排放量。局部均衡模型说明污染物排放与集聚水平密切相关。外部性 λ 的大小决定了产业集聚的影响方向和作用效果, 如果产业集聚是要素规模拉动产出规模扩大, 这种生产率提高的方向不一定朝着节能减排的理想方向。而如果产业集聚与产业结构升级、环境管制同步, 那么绿色技术创新能力增强, 无论是末端治理还是清洁生产的技术突破, 都能在不同程度上使得生产效率和节能减排达到同步发展的效果, 从而推动绿色全要素生产率提升。

二、扩展的绿色索洛模型

新古典经济增长理论提出, 全要素生产率增长是经济持续增长的源泉。索洛最先将技术进步纳入经济增长的理论模型, 索洛余值法开创性地测算了全要素生产率。在经典索洛模型中, 总量生产函数中的生产要素投入仅包括资本投入、劳动力投入和外生技术进步, 忽视了资源能源消耗; 而在产出要素中仅包含经济产出即期望产出, 忽视了环境污染物排放的非期望产出。根据可持续发展理论, 自然资源储备和生态环境质量是影响经济长期可持续增长的关键因素, 因此有必要在经典索洛模型的基础上纳入资源环境因素, 对索洛模型进行扩展。

索洛模型设定总量生产函数, 利用索洛余值测度传统全要素生产率 (total factor productivity, TFP), 生产函数设定为:

$$Y(t) = F[A(t), K(t), L(t), t] \tag{2-5}$$

式中, $L(t)$ 是劳动投入, $A(t)$ 表示综合技术水平, $K(t)$ 为资本投入, $Y(t)$ 为国内生产总值。

模型（2-5）符合以下条件：

$$f_k'(\cdot) > 0, f_l'(\cdot) > 0; f_k''(\cdot) < 0, f_l''(\cdot) < 0 \quad (2-6)$$

为估算投入要素随着时间变化的产出弹性系数，柯布-道格拉斯生产函数将索洛模型表示为：

$$y^t = A^t (l^t)^\alpha (k^t)^\beta \quad (2-7)$$

显然，式（2-7）未包含能源消耗、环境污染物排放，并且忽视了实际生产中存在的技术无效率情况（即与生产前沿面之间的距离差距）。全要素生产率应该包含技术进步和技术效率改进两方面的内容，因而式（2-7）测度的索洛余值实际上仅是技术进步水平，而不是绿色全要素生产率。因此，可以从投入、产出和技术效率等方面对模型进行改进。首先考虑资源环境的约束，参考 Brock 和 Taylor（2005）的做法，用环境治理成本来间接表征环境污染物排放水平，在模型中纳入能源要素投入 $E(t)$ 和环境治理成本投入 $C(t)$，将生产函数设定为：

$$Y(t) = F[A(t), K(t), L(t), E(t), C(t), t] \quad (2-8)$$

由于环境污染物排放可以被视作是一种"坏产出"，因而在考虑产出方向性的时候，环境治理成本既可以被视作投入要素，也能被视作负向的产出要素，式（2-8）可改写为：

$$y^t - c^t = A^t \theta^t (l^t)^\alpha (k^t)^\beta (e^t)^\gamma \quad (2-9)$$

式中，A^t 表示技术进步，θ^t 表示技术效率。

一方面，污染治理成本与式（2-3）中的污染物排放强度正相关，从而与表征集聚外部性的产出密度因子相关联，产业集聚可通过影响污染排放强度间接作用于环境治理成本；另一方面，环境治理的成本主要来自节能减排设备、绿色技术研发投入、信息不对称性和制度成本，而生产性服务业集聚则可能通过产业结构升级、节能减排技术创新、减排基础设施共享、降低交易费用、集中监管、专业化分工和绿色技术溢出等途径直接影响环境治理成本 c^t 和技术效率 θ^t。

然后，进一步假设城市中只有制造业（M）和生产性服务业（S）两种部门且污染物排放与产出正相关（Stefanski，2009），构建绿色索洛模型为：

$$y^t - c^t = A^t \theta^t (l_M^t)^{\alpha_1} (l_S^t)^{\alpha_2} (k_M^t)^{\beta_1} (k_S^t)^{\beta_2} (e^t)^\gamma \quad (2-10)$$

式中，α、β、γ 分别为劳动力投入、资本投入和能源消耗的产出弹性系数，生产投入要素在不同类型生产部门中的分配体现了产业结构调整的方向和程度。其中，α、β、$\gamma > 0$；$c^t = \sum_{b=1}^{B} mac_b^t n_b^t$，该式中 mac_b^t 表示边际减排成本，b

表示污染物排放物的种类（包括城市工业二氧化硫、工业烟尘、工业废水），n 表示污染物排放物的数量。由产出密度函数（2-3）的推导可知，污染物排放强度、能源强度均受到产出密度系数即集聚外部性的影响，生产性服务业集聚可通过降低边际减排成本 mac_t^i 和减少污染物排放 n_t^b，影响环境治理成本。此外，当 $\theta=1$ 时，生产技术刚好处于生产前沿面上，但现实生产活动往往存在 $0<\theta<1$ 的情况，较高的交易成本、经济结构的不合理及制度缺失是技术效率损失的主要原因。

最后，为得到由扩展的绿色索洛模型余值法表征的绿色全要素生产率，对式（2-10）进行变换，得到式（2-11），再对其两边取对数，进而推导得出绿色生产率指数的核算式（2-12）。

$$A^t\theta^t = \frac{y^t - c^t}{(l_M^t)^{\alpha_1}(l_S^t)^{\alpha_2}(k_M^t)^{\beta_1}(k_S^t)^{\beta_2}(e^t)^{\gamma}} \quad (2-11)$$

$$\frac{\Delta A}{A} + \frac{\Delta \theta}{\theta} = \frac{\Delta(y-c)}{y-c} - (\alpha_1+\alpha_2)\frac{\Delta l}{l} - (\beta_1+\beta_2)\frac{\Delta k}{k} - \gamma\frac{\Delta e}{e} \quad (2-12)$$

由理论模型分析可知，基于新古典经济增长理论框架，促进绿色经济增长及绿色全要素生产率提升的主要途径包括降低污染排放治理成本、改善技术效率、促进技术进步和优化产业结构。生产性服务业集聚由于集聚外部性的存在，通过 λ 同时作用于 c^t 和 θ^t，最终通过促进技术创新与结构优化对绿色全要素生产率产生影响。

第三节 理论机制分析

以城市为载体的现代服务业集群内人才、资本、信息等要素的竞合机制，活跃了创新行为，缓解了资源环境约束，成为城市化和经济转型的重要推手。本研究从生产性服务业集聚的规模经济效应、知识溢出效应、制造业转型升级效应、产城协同效应和空间外溢效应五个角度对生产性服务业集聚在城市经济高质量发展中的作用机制进行阐述。从这五个作用机制的内部关系来看，前三个作用机制所表征的共享机制、技术效应和结构效应是后两个作用机制的基础条件，因为前三个机制的思想来源于绿色全要素生产率指数的分解成分，并且来源于基础理论部分的"集聚外部性"思想，是连接生产性服务业集聚与绿色全要素生产率的纽带。进一步地，空间外溢效应是产城协同效应的递进，是区域空间尺度上的拓展，从单个城市的产城匹配效应拓展到区域空间层面城市群中多个城市的相互作用。从产业集聚的正负效应来看，在产城协同效应与空间外溢效应中都同时存在正向效应和负向效应，即对应产城协同效应的"匹配"和"错配"，对应空间外溢效应的"扩散效应"和"虹吸效应"。

一、生产性服务业集聚、规模经济效应与城市绿色全要素生产率

产业的空间集聚优势从纯经济学角度，主要着眼于外部规模经济和外部范围经济。在"共享、匹配、学习"三种集聚经济的微观机制中，由规模经济效应所代表的共享机制是其他因素的基础，这源于马歇尔的集聚外部性理论。生产性服务业能够加强集聚区内企业与企业之间或企业与支撑平台机构之间的有效互动联系与合作，这种互动与联系能够进一步强化规模经济效应的释放。不同企业共享公共基础设施、潜在劳动力资源、中间供应商，加之在水平一体化与垂直一体化过程中溢出的剩余价值，能够大幅降低生产成本、搜寻成本、交易成本和污染排放治理成本。生产性服务业集聚作为产业之间的润滑剂，通过深化横向、纵向的分工协作，有效链接上下游产业的投入与产出，形成显著的中间服务物品生产的规模经济效应，进一步扩大了市场潜能。生产性服务业企业集聚在特定空间地理位置，必然会带来人才、资本、信息和技术等生产要素的集聚，有利于这些生产要素的共享、互动和优化组合配置。就生产性服务业企业自身而言，也能在规模经济引发的激烈市场竞争中强化服务环节的专业化分工，专业化经营能提高企业效率与生产服务质量，从而能够为绿色生产提供更好的专业化和定制化生产服务。

二、生产性服务业集聚、知识溢出效应与城市绿色全要素生产率

生产性服务业集聚产生的知识溢出突破了传统产业的行业局限，深入各行各业，成为知识创新与技术创新的主要提供者和传播者（韩峰 等，2014）。生产性服务业属于典型的知识技术密集型产业，其空间集聚的区域往往也是大量隐性知识的集聚地，这势必会深化和加强企业间信息和缄默知识的传播，促进知识和技术创新的产生与扩散。知识溢出是不同主体间通过

直接或间接的方式进行交流、互动而产生的知识传播过程，受主体特征、产业与区位等因素制约，通过人才流动、研发合作、企业家创业等溢出机制实现。生产性服务业集聚的技术效应主要通过两种方式来实现：一是促进技术创新产生，二是加快技术创新扩散。

生产性服务业集聚有利于促进技术创新的产生。不同类型的生产性服务业企业之间的联系与互补，促进了互动式学习，加速了创新过程。生产性服务业多样化集聚通过彼此相互依赖、相互补充、细化分工、资源共享等机制相互作用，推动协同创新。而基于生产性服务业集聚的协同创新有利于创新资源的整合和有效配置，创造出高于原有知识的形态，促进技术创新的产生。一方面，知识溢出效应能够启发和推动产品创新、管理组织创新、技术创新和制度创新，甚至推动企业的创立和新产业的产生，从而形成产业创新的正向反馈机制。另一方面，产业集聚区内激烈的竞争使得企业专注于从事自己擅长的领域，以更有效率地进行技术创新。

生产性服务业集聚能够加速技术创新的扩散。生产性服务业集聚凭借集成创新后的消化吸收再创新，推动知识与技术创新成果的广泛应用与空间外溢。产业集聚区内知识、人才和信息的大量积聚与流动，有利于知识信息交互网络的形成。一方面，其降低了企业间技术创新扩散的交易费用，从而加速技术创新在产业间的扩散；另一方面，生产性服务业集聚所形成的知识、技术与信息交流网络，可以为企业间技术交流的扩散提供更多传播渠道和平台，增加了技术人员交流的机会，易于产生新思想，激发创新思维，从而形成良好的集体互动学习和创新氛围，加快技术创新的扩散。

三、生产性服务业集聚、制造业升级（结构效应）与城市绿色全要素生产率

生产性服务业集聚增加了服务业在国民经济中的比重，其本身就是产业结构调整的重要内容。产业结构转换可以促进中观和宏观层面的全要素生产率增长（李平，2016），从产业层面看，是将生产要素更多地配置到绿色全要素生产率较高的行业，包括环境友好型产业和前沿技术主导的战略新兴产业。与此同时，生产性服务业是新知识的创作者、承载者和扩散者，能够将人力资本、新知识和新技术对其生产力提升的正向影响传递到制造业（Bosworth and Triplett，2007）。生产性服务业在制造业价值链中的嵌入有助

于实现制造业服务化，进一步促进制造业结构优化升级和生产率提升。

生产性服务业对制造业发展的作用，一方面通过基础生产服务的共享机制实现成本节约，另一方面通过对制造业价值链的高端嵌入实现收益增加，这两种渠道都有助于活跃绿色制造环节中各种要素的竞合机制，从而有利于推动制造业转型升级。制造业作为城市工业三废（废水、废气、固体废弃物）排放的主要来源，其发展模式和生产效率直接关系到城市绿色全要素生产率的改善。不同生产要素之间的协同性在一定程度上影响着产业的绿色效率，而信息不对称带来的交易成本上升则直接制约生产要素之间的有效协同。高端生产性服务业特别是新一代信息通信技术，具有可以与几乎所有产业生产过程相融合的特点，能够对其他生产性服务业或制造业进行改造升级，提升各行业的技术效率。而作为高端生产性服务业的另一个主要产业——金融业，将资本有效配置到那些具有较高技术水平、创新能力和使用绿色偏向新型技术的制造行业与企业，对于制造业结构升级至关重要。生产性服务业集聚在建设城市创新体系的过程中具有决定性的作用，是制造业转型升级的基石和必备条件。生产性服务业在促进创新形成、整合创新、转化创新的过程中加速制造业与城市创新系统融合互动，通过整合知识与消化知识实现知识创新，进而促进技术进步和技术扩散，促进制造业企业更好地融入区域创新网络，使知识创新和技术创新切实服务于制造业实践和生产的过程，实现产业链、价值链提升。而实现了产品升级和结构升级的制造业企业，又将进一步产生对生产性服务业服务要素多样化投入的需求，从而与生产性服务业之间形成有效的正向反馈机制，如图2-1所示。

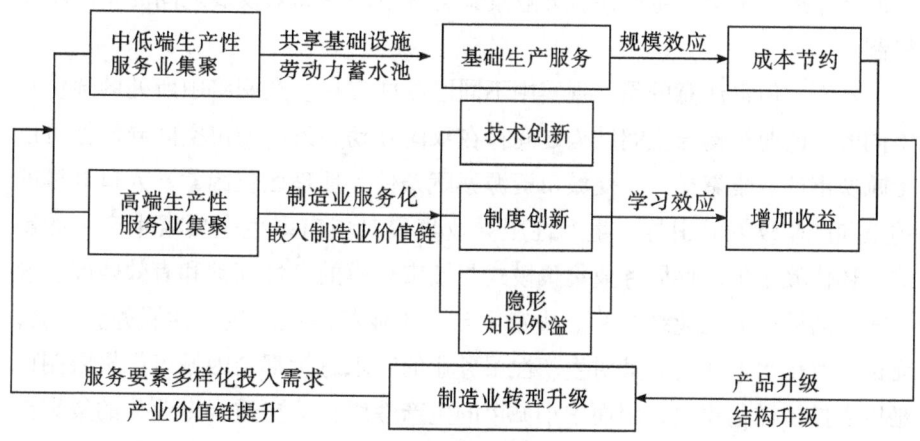

图2-1　生产性服务业集聚促进制造业结构升级的作用机制

四、生产性服务业集聚、产城协同效应与城市绿色全要素生产率

从城市内部动力因素角度看,产业布局与城市化进程的协同发展至关重要。产城协同关系完整联系了规模效应的共享机制和知识溢出效应的技术学习机制。产城协同的匹配效应一方面从生产要素与前后向产业关联上反映共享机制,另一方面从技术层面反映集聚经济的学习效应。城市作为生产性服务业发展的空间载体,产城关系的匹配是规模效应和技术效应有效发挥的前提条件,从内生的要素配置效率上根本地决定了生产性服务业集聚效应的有效性。

生产性服务业集聚促进城市绿色高效发展的理想模式如图2-2所示。人力资本储备、信息基础设施、生态环境、区位条件及工业规模和产业政策等都是城市生产性服务业发展的支撑条件。在政府产业规划布局与市场机制价值规律自发调节的共同作用下,生产性服务业作为城市经济发展的助推器,通过大企业选择效应作用下的创新型龙头企业示范、产业升级背景下的战略新兴产业主导、上下游产业关联形成的绿色创新网络链条式互动,共同强化产业集聚的共享效应、学习效应与匹配效应,最终形成企业成长、产业集聚和城市绿色转型的理想模式。而在这一过程中,创新要素的专业化集聚和创新资源的多样化融合集聚是促进企业、产业、城市创新驱动与绿色转型的关键环节。此外,政府的制度创新和市场的反馈调节还能通过改善产业发展的支撑条件来形成生产性服务业集聚与城市绿色高效发展之间的正向反馈机制。

然而,值得注意的是,现实中不同层级城市在生产网络中所处的地位是不同的,产业结构与空间结构之间存在双向互动关系,城市空间异质性可以影响城市产业集聚模式。受城市资源禀赋条件、地理区位因素、人口规模的约束和产业政策的引导,生产性服务业集聚对城市绿色全要素生产率的影响,还依赖于生产性服务业集聚模式与城市规模的良性互动和有效匹配。规模较小的城市的工业结构特点决定了与其工业相匹配的生产性服务业种类,无论工业化水平如何,其对生产性服务业的需求总量都会因城市规模限制而难以支撑多样化集聚,因而中小城市的生产性服务业更适合专业化的集聚模式;而在大城市或特大城市,一方面这些城市对生产性服务业的市场需求总

量较大且内容形式多样，另一方面资金、技术、人才、信息等高端要素易于在规模较大的城市集聚（Behrens et al.，2014），加之关联产业及行业协会等支撑机构的空间共聚的柔性生产综合体，能满足城市工业发展与绿色全要素生产率提升的多样化需求。

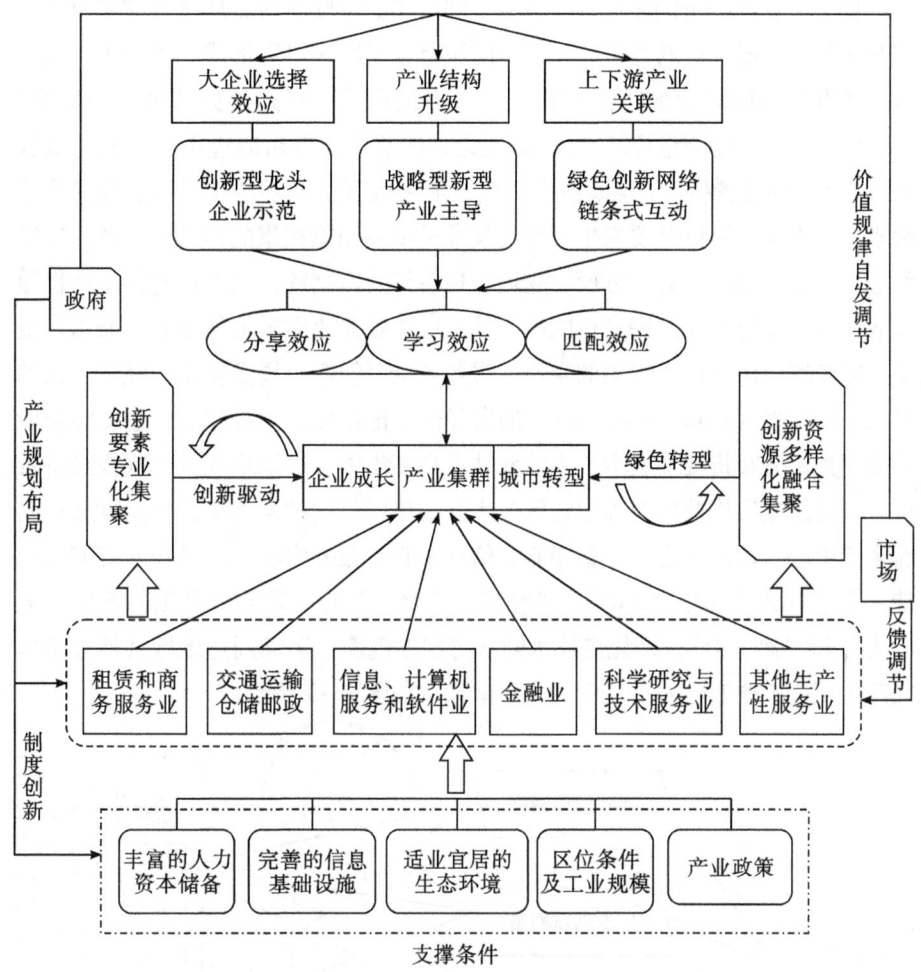

图2-2　生产性服务业集聚促进城市高效绿色发展的理想模式

五、生产性服务业集聚、空间外溢效应与城市绿色全要素生产率

城市群和经济带的建设属于区域空间层面的制度创新。从城市群城市空间交互视角看,城市群的竞争力在于不同城市分工协作可以形成竞争合力。关于地理邻近的不同规模城市间经济发展关系的研究,可追溯到"回波—扩散""极化—涓滴""集聚阴影"等经典理论,涉及大城市对周边小城市的"虹吸效应"与"扩散效应"。空间溢出效应已成为区域协调发展中不可忽视的重要因素。一方面,绿色全要素生产率是技术进步和知识积累的体现,可能存在空间溢出的学习效应;另一方面,受城市规模等因素制约,城市自身的生产性服务业往往很难与工业发展完全匹配,其生产性服务业需求可能由邻近城市来提供,同样城市内部自身提供的生产性服务业也可能惠及周围城市。经济学家弗朗索瓦·佩鲁(Francois Perroux)的发展极理论指出,主导产业与创新型企业的空间集聚分布将促使资本、人才和技术高度集中,逐渐形成拥有规模经济效应、自身快速发展并能对周边地区产生强大辐射作用的发展极,这些发展极具有生产中心、贸易中心、金融中心、信息中心、服务中心、决策中心等多重职能(张培刚和张建华,2009)。"经济中心单元"在一定空间范围内产生"向心力"和"离心力",即凭借技术创新与制度创新,驱动周边地区其他经济单元产生相应的改变,发挥吸引力与扩散力,如图2-3所示。

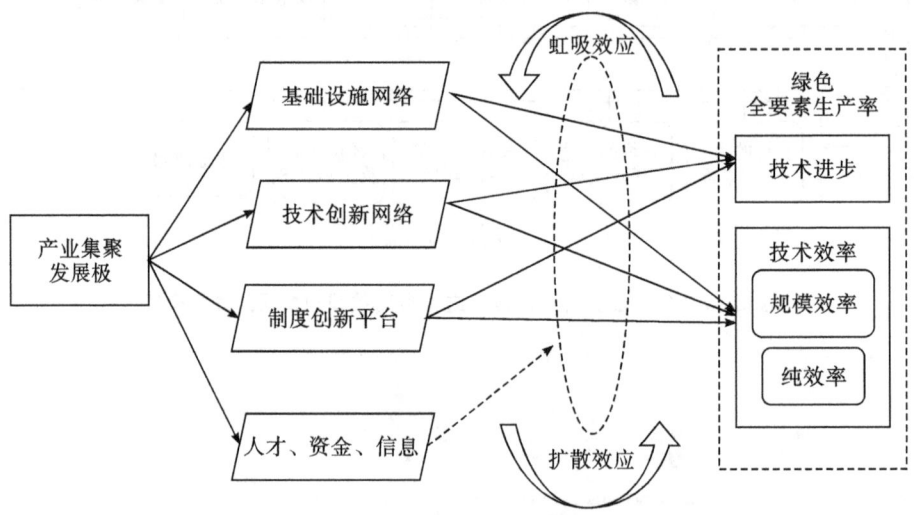

图2-3 城市群中生产性服务业集聚空间溢出效应的作用机制

第四节 本章小结

本章首先从经典经济学基础理论出发,通过分析产业集聚理论、经济增长理论、创新经济学理论和可持续发展理论中蕴含的"外部性"及"效率导向"的思想,为研究生产性服务业集聚模式如何作用于城市绿色全要素生产率增长奠定了理论基础。产业集聚理论主要基于企业的区位选择来说明产业集聚通过规模经济与范围经济获取集聚外部性的原理。经济增长理论的演进过程充分体现了经济增长动力转换,开始关注技术、制度、结构等因素对经济增长的驱动力量。创新经济学理论则从技术创新和制度创新两方面揭示了集聚经济在创新体系形成中的重要性,以及集聚与创新的互动关系。可持续发展理论指出,区域与产业协调发展,促进效率增长与环境保护双赢,提升绿色全要素生产率对经济可持续发展至关重要。在上述理论研究的基础上,本章扩展了索洛经济增长理论模型,构建了考虑资源环境约束和效率变化的绿色索洛模型,分析了生产性服务业集聚在绿色全要素生产率增长中的作用。最后,重点阐述了生产性服务业集聚对经济高质量发展的影响主要通过规模效应、知识溢出效应、制造业转型升级效应、产城协同效应和空间外溢效应来实现,为实证分析提供坚实的理论依据。

第三章　生产性服务业集聚对城市产业结构优化的影响

本章基于产业结构合理化和产业结构高级化两个维度，分别构建生产性服务业专业化集聚和多样化集聚与城市产业结构优化的计量模型，以我国283个城市为样本，运用系统广义矩估计法进行实证检验。研究发现，不同类型生产性服务业的不同集聚模式对城市产业结构优化的影响在不同规模等级城市间存在明显差异。

第一节　问题的提出

当前，产业结构优化是我国经济高质量发展的主线之一。理论上，生产性服务业是全球价值链两端的重要组成部分，具有产业关联度高、跨界服务性强的特点，贯穿整个产业链诸多环节，是推动产业结构优化的重要突破口。2014年印发的《国务院关于加快发展生产性服务业促进产业结构调整升级的指导意见》（国发〔2014〕26号）提出，加快发展生产性服务业是推动产业结构优化升级的重大举措，国家"十四五"规划进一步强调要推动生产性服务业向专业化和价值链高端延伸。近年来，各地方政府竞相出台产业规划和配套政策推进生产性服务业提速发展，不少地区将建设生产性服务业集群作为转换经济增长动能的重要举措，生产性服务业集聚成为我国区域经济发展的典型事实（惠炜和韩先锋，2017）。然而，相关研究发现，一些地方政府盲目发展第三产业在一定程度上会导致生产性服务业"低质量、多样化"集聚（韩峰和阳立高，2020）。产业发展与城市化发展相互依存，产城关系不匹配可能引致城市产业结构"合理化程度低、高度化不足"。合理的产业集聚模式要求城市产业、人口、空间匹配,不同规模等级城市的生产性服务业集聚模式和行业类型理应有所区别。因此,在城市层级体系视角下探讨不同类型生产性服务业专业化集聚、多样化集聚对城市产业结构优化的影响,具有重要的现实意义。

本章的边际贡献有以下三点:其一,从研究视角,从合理化和高级化两个维度衡量产业结构优化,将城市规模等级、产业集聚模式、行业类型三者同时纳入生产性服务业集聚对产业结构优化影响的分析框架。分析不同规模等级城市异质性生产性服务业的不同集聚模式对产业结构优化的影响,有助于探索差异化的城市生产性服务业集聚与产业结构优化路径。其二,在样本选取方面,以我国283个城市的面板数据进行计量分析,城市尺度下的研究结论更具多元化和异质性,研究结果更具参考价值。其三,在研究方法方面,在理论阐述生产性服务业集聚对城市产业结构优化的作用机理的基础上,构建动态面板模型分析生产性服务业集聚对城市产业结构优化的影响,并采用系统广义矩估计法控制内生性问题。

第二节 相关文献回顾

近年来,国内外学者对生产性服务业集聚产生的经济效应进行了一系列研究。多数研究认为,生产性服务业集聚通过降低交易成本、关联产业要素重组、强化技术创新和技术扩散等途径,对促进经济增长(Eswaran and Kotwal, 2002; Wood, 2010; Aslesen and Isaksen, 2010)、劳动生产率提升(惠炜和韩先锋, 2016; 曹聪丽, 2019)、制造业效率提升(席强敏, 2015; 宣烨和余泳泽, 2016; 程中华 等, 2017; 于斌斌, 2017)、全要素生产率增长(Michaes et al., 2012; 黄斯婕和张萃, 2016)等方面具有积极作用。这些研究亦表明生产性服务业集聚对产业结构优化具有间接作用。

生产性服务业集聚对产业结构优化直接影响的研究相对较少,主要聚焦于以下三个方面:第一,生产性服务业集聚对制造业结构升级的影响。如刘奕等(2017)基于产业空间协同视角,实证分析了生产性服务业与制造业耦合过程中创新体系、交易成本、需求规模等因素的链条联系,研究表明生产性服务业集聚,特别是支持性服务业集聚,有利于制造业在全球价值链体系中向中高端升级;韩峰和阳立高(2020)基于我国31个省(直辖市、自治区)的面板数据检验生产性服务业集聚在制造业结构升级中的作用,发现生产性服务业专业化集聚通过规模经济效应和技术扩散效应促进本地及周边地区制造业结构升级,而多样化集聚仅通过规模经济效应促进本地制造业结构升级,且高端和中低端生产性服务业适用不同的产业集聚模式。第二,生产性服务业和制造业协同集聚对产业结构升级的影响。如周小亮和宋立(2019)基于省级层面数据,研究并发现协同集聚有利于产业结构合理化,但对产业结构高级化的影响呈倒"U"形变化,且存在区域和行业异质性。王艳和孙超(2019)认为,生产性服务业与高新技术产业协同集聚通过分工细化、产业链延伸促进产业结构高级化,并通过产业间要素耦合效应和共生经济效应促进产业结构合理化。第三,生产性服务业集聚对产业结构升级的影响。多数研究证实了生产性服务业集聚有利于产业结构升级。例如,惠宁和周晓唯(2016)采用省际数据实证了生产性服务业集聚对产业结构升级的正向效应,且东部地区、中部地区强于西部地区;林秀梅和曹张龙(2020)基于省级数据,研究并发现生产性服务业集聚能促进本地及邻近省份产业结构升级,但存在明显的区域差异;温婷(2020)从行业异质性角度研究了生产性服务业集聚的产业结构升级效应,认为生产性服务业中的信息服务业集聚对产业结构升级的促进作用最大,随后依次为物流业、金融业、科技服务业和商务服务业;郭淑芬等(2020)的研究表明生产性服务业发展对产业结构合理化的作用大于对产业结构高级化的作用,强调生产性服务业内部结构高端化是促进城市产业结构升级的关键。同时,有极少数文献关注了生产性服务业集聚促进产业结构优化的约束条件,如于斌斌(2019)基于集聚外部性视角,研究并发现生产性服务业集聚的波特外部性(Porter外部性)有利于产业结构升级,而其马歇尔-阿罗-罗默外部性(MAR外部性)和雅各布斯外部性(Jacobs外部性)对产业结构升级的作用受制于城市规模,城市需跨越一定的规模门槛,生产性服务业集聚MAR外部性和Jacobs外部性的产业结构升级效应方能"由负转正";林秀梅和曹张龙(2019)基于我国省际面板数据,研究并发现生产性服务业集聚的产业结构升级效应存在创新水平门槛,只有当生产性服务业创新水平高于门槛值时,才能促进产业结构优化。

综上所述，生产性服务业集聚影响产业结构优化的研究存在以下三点不足：其一，相关文献较多基于省级层面数据，而现实中各省的城市之间差异较大，将异质性特征明显的不同层级城市视为均质化单元不符合现实情况。其二，将城市产业、人口、空间要素叠加作用的研究较少，多数文献尚未将产业类型、城市规模等级、产业空间集聚模式三者同时纳入生产性服务业集聚效应的分析框架。不同类型生产性服务业的不同集聚模式对资源配置、技术创新的作用机理存在差异，其对城市产业结构优化的影响也可能不同。其三，多数相关研究仅考察了产业结构某一维度的优化，未能从合理化和高级化两个维度衡量城市产业结构优化。

第三节　生产性服务业集聚影响城市产业结构优化的作用机理

产业结构优化是高级化与合理化的有机统一，但在现实经济中二者既可能一致，也可能背离。从要素配置看，产业结构高级化是要素密集类型的升级，即从劳动密集型到技术密集型的转换过程；而产业结构合理化反映的是产业间要素资源的利用效率和耦合程度。从最终产出看，产业结构高级化是产品附加值上升，而产业结构合理化则反映产出结构与就业结构的一致程度。从产业组合看，产业结构高级化是高技术、高生产率行业占比不断提高，而产业结构合理化反映的则是产业间比例的合理程度和产业关联协调程度。理论上，生产性服务业的专业化集聚和多样化集聚对要素资源配置、产业生产率、技术创新等方面的作用机理存在差异（Simonen，2015），因此，两种产业集聚模式在城市产业结构合理化和高级化进程中的作用也可能不同。如图3-1所示，本节结合集聚经济和熊彼特内生增长理论，从生产性服务业的专业化集聚和多样化集聚两个方面，分析生产性服务业集聚对城市产业结构优化的作用机理。

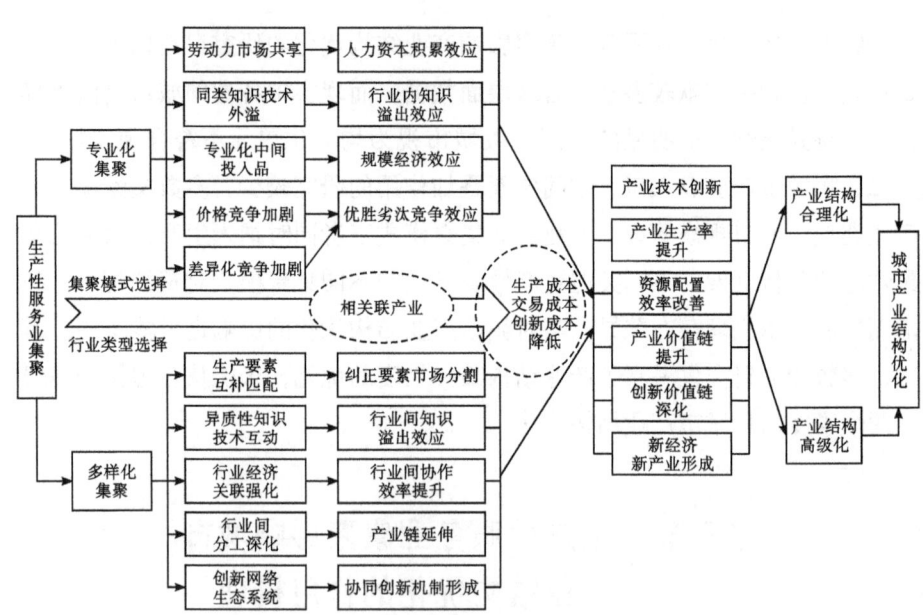

图 3-1　生产性服务业集聚对城市产业结构优化的作用机理

一、生产性服务业专业化集聚的产业结构优化效应

生产性服务业专业化集聚表现为行业内同类企业的空间集聚，其主要通过专业化人力资本积累效应、行业内知识溢出效应、规模经济效应和优胜劣汰竞争效应，作用于产业内技术创新、产业生产率、资源配置效率和产业价值链，从而促进产业结构优化。一方面，生产性服务业专业化集聚得益于马歇尔集聚外部性带来的劳动力市场共享、同类知识技术外溢和专业化中间投入品，形成人力资本积累效应、行业内知识溢出效应和规模经济效应；另一方面，行业内同类企业在地理空间上集聚势必会加剧价格竞争和产品差异化竞争，产生优胜劣汰竞争效应。具体而言，其一，同类生产性服务业企业共享潜在人力资源和信息网络平台资源能够降低企业的人才搜寻成本和信息交易成本，同时专业化中间投入品市场形成的规模经济效应，强化了上下游产业投入产出的关联，降低了当地制造业企业对生产性服务的信息搜寻成本和交易成本，从而有助于企业提高生产效率，以实现要素资源在产业间的高效配置，促进产业结构合理化。其二，生产性服务业专业化集聚有利于行业内企业展开正式或非正式的学习交流，形成行业内知识技术的交互学习网络，

高频率的互动交流势必会激发行业内新知识、新技术的产生和扩散。同时，这也意味着生产性服务业能将更专业化的高附加值服务嵌入当地制造业生产环节和产业价值链中，推动制造业从工艺改进到产品功能提升，由低技术、低附加值向高技术、高附加值产业转变，以实现产业链条结构升级，促进城市产业结构高级化。其三，生产性服务业专业化集聚加剧了行业内价格竞争与差异化竞争，通过优胜劣汰竞争机制推动中间服务产品价格降低和产品创新。在竞争性环境中，创新是经济体内部结构实现自我更新的重要方式（Aghion and Festré，2017）。地理邻近的生产性服务业同行业企业为获取更多的市场需求，势必会降低服务产品价格或通过创新提供更加高品质和差异化的中间服务产品（Bas，2014）。中间服务产品的价格降低、种类多元、质量提升，将大幅降低其下游制造业企业的交易成本和生产成本，有助于实现企业生产率提升和资源配置效率改善，促进产业结构合理化。同时，更高质量的专业化中间服务产品提高了低技术含量行业向高技术含量行业、传统制造业向现代制造业转型的能力，有利于产业链、价值链提升，促进产业结构高级化。

二、生产性服务业多样化集聚的产业结构优化效应

多样化集聚的特征表现为集聚企业分布于多个行业，生产性服务业多样化集聚主要通过纠正要素市场分割、行业间知识溢出效应、产业链延伸和行业间协同创新效应，作用于突破性技术创新、产业生产率、要素配置效率、产业价值链、创新价值链和新经济、新产业的形成，进而促进产业结构优化。具体而言，其表现为四个方面：其一，多样化集聚有利于企业通过社会网络获取异质性资源，实现资源整合和要素再配置，优化要素投入结构。生产性服务业不同行业同地集聚，能够加速人才、资本、技术、信息等要素的自由流动、快速集聚和深入整合，改变要素市场分割，提高要素资源在产业间的耦合程度和配置效率。其二，生产性服务业的不同行业在地理空间上集聚，有利于异质性知识技术在集体学习和知识的社会化过程中实现跨界融合，促进知识技术创新的产生与扩散。Rosenthal 和 Strange（2001）的研究表明，产业集聚形成的技术外溢不仅发生在相同行业之间，知识溢出在从业者具有较高专业知识技能的不同行业间发生的概率更大。异质性知识溢出效应有助于启发并推动产品创新、管理组织创新、技术创新、制度创新和业态模

式创新,甚至推动新经济、新产业的形成。其三,生产性服务业多样化集聚有助于加强不同行业间的经济关联,提高行业间横向、纵向的分工协作效率。生产性服务业在产业链中涉及多个环节,多样化集聚通过强化上下游产业间的经济关联,发挥产业链中不同企业的比较优势,深化了产业分工,促进了城市产业链延伸,有利于企业获得多元化的中间服务产品,降低制造业企业对生产性服务多样化的信息搜寻成本和交易成本。其四,生产性服务业多样化集聚有利于优化创新网络生态系统,强化产业间协同创新机制,推动高于原有知识形态的突破性技术创新和新经济、新产业形成。创新信息的有限性和创新结果的不可知性决定了创新过程的风险不确定性。Capello(2007)认为,集聚经济促进经济转型的重要机制是降低创新活动的不确定性。由不同行业生产性服务业企业、制造业企业、高校、科研院所、各类支撑机构平台、经济社会关系组成的城市创新网络生态系统,能够有效评估创新链条中不同环节供应商的质量和潜在创新的价值,降低创新风险和创新协调成本(Becattini,2004),有助于实现产业价值链提升与创新价值链深化。

由以上分析可知,理论上,生产性服务业的专业化集聚和多样化集聚均可以通过不同路径促进产业技术创新、生产率提升、要素配置效率改善、产业价值链提升、创新价值链深化及新经济、新产业形成,从而推动产业结构合理化与高级化。但是,上述集聚效应的有效发挥依赖于生产性服务业的行业结构、集聚模式与城市实际市场需求结构相匹配,若产城关系中的"供给"与"需求"不匹配,势必会促使有限的资源从高效率产业流向低效率产业,从而不利于城市产业结构优化。城市市场需求结构与经济发展阶段、制造业发展水平、人力资本结构密切相关,而城市人口规模在很大程度上是这些因素的外部表现。一方面,规模层级较高的城市集聚了生产性服务密集型制造业,发展高端生产性服务业改善了结构的不平衡;另一方面,高端生产性服务业依赖于高素质专业人才,而偏离核心城市很难吸引知识密集型的人力资本要素。此外,基于市场容量决定社会分工的基本原理,生产性服务业集聚模式也势必要考虑城市的市场规模特征。中小城市对生产性服务业的需求总量,常常因城市市场规模限制而难以支撑多样化集聚模式。同时,生产性服务业对制度因素较为敏感,部分高端生产性服务业本身就是制度的载体,而人口规模较大的城市通常也是行政级别较高的城市,是多数制度创新的策源地(Jacobs et al.,2014)。因此,生产性服务业集聚的城市产业结构优化效应在不同规模层级城市存在异质性。

第四节 模型设定与变量选择

一、模型设定

本节通过构建计量模型以检验生产性服务业的专业化集聚和多样化集聚对产业结构合理化与产业结构高级化的异质性作用。鉴于城市产业结构调整过程可能存在路径依赖,实证模型中被解释变量将表现出时滞效应和动态效应,因而静态面板模型的估计结果虽然一致但并非无偏,本节构建的动态面板模型(1)和模型(2)分别如式(3-1)和式(3-2)所示:

$$\ln RIS_{it} = \beta_0 + \beta_1 \ln RIS_{it-1} + \beta_2 \ln SP_{it} + \beta_3 \ln DV_{it} + \sum_j \beta_j \cdot \ln X_{it} + c_i + \eta_t + \varepsilon_{it} \quad (3-1)$$

$$\ln OIS_{it} = \beta_0 + \beta_1 \ln OIS_{it-1} + \beta_2 \ln SP_{it} + \beta_3 \ln DV_{it} + \sum_j \beta_j \cdot \ln X_{it} + c_i + \eta_t + \varepsilon_{it} \quad (3-2)$$

式(3-1)和式(3-2)中,RIS_{it}代表产业结构合理化指数,OIS_{it}代表产业结构高级化指数;SP_{it}和DV_{it}分别表示生产性服务业的专业化集聚指数、多样化集聚指数;i和t分别表示城市和年份;β是系数矩阵;X_{it}代表控制变量,包括经济发展水平、人力资本水平、信息基础设施水平、交通基础设施水平、政府干预程度等因素。c_i和η_t分别表示地区和时间非观察效应,ε_{it}表示随机扰动项。

考虑到城市产业结构优化与生产性服务业集聚之间可能存在的双向因果关系,本章使用系统广义矩估计法对动态面板模型(1)和模型(2)进行估计,控制内生性问题。

二、变量设定和数据来源

根据研究目的,本节重点考察生产性服务业的专业化集聚和多样化集聚对城市产业结构合理化与产业结构高级化的差异化影响。借鉴已有研究,实证模型中控制变量包括经济发展水平、人力资本水平、信息基础设施水平、交通基础设施水平和政府干预程度等,变量设置与计算方法见表3-1。

表 3 - 1　变量设置与计算方法

变量			计算方法
被解释变量	产业结构合理化	RIS	正向化处理的泰尔指数
	产业结构高级化	OIS	城市辖区第三产业与第二产业产值之比和劳动生产率之比的乘积
核心解释变量	生产性服务业专业化集聚	SP	专业化集聚指数
	生产性服务业多样化集聚	DV	多样化集聚指数
控制变量	经济发展水平	Pergdp	城市辖区人均地区生产总值（元）
	人力资本水平	Hum	城市辖区每万人中高等学校在校生人数（人）
	信息基础设施水平	Inf	城市每万人接入互联网数（万户）
	交通基础设施水平	Road	城市辖区人均道路面积（平方米）
	政府干预程度	Gov	城市辖区财政支出占财政收入的比重

（一）被解释变量

产业结构优化包括合理化与高级化两个方面，本研究采用产业结构合理化指数和产业结构高级化指数衡量城市产业结构优化。

产业结构合理化指数（RIS）。产业结构合理化的衡量依据是要素投入结构和产出结构的耦合程度。当产业的产出结构与就业结构一致时，资源在产业间的配置是有效率的，产业结构是合理的。借鉴干春晖（2011）的方法，用泰尔指数测度产业结构合理化。由于该泰尔指数表征的是产业结构合理化的反向指标，本研究进一步参考韩永辉等（2016）的方法构建正向化指标，采用取倒数的方法对泰尔指数进行正向化处理。产业结构合理化指数的计算式为：

$$TL = \sum_{i=1}^{n} \frac{Y_i}{Y} \ln \frac{\frac{Y_i}{L_i}}{\frac{Y}{L}} \qquad (3-3)$$

$$RIS = \frac{1}{TL} \qquad (3-4)$$

式中，i 表示第 i 个产业，Y 是城市辖区生产总值，L 是城市辖区总从业人员数，$\frac{Y_i}{Y}$ 表示产出结构，$\frac{L_i}{L}$ 表示就业结构。因此，TL 表示的是城市三大产业在样本期内的产值 Y_i 与从业人员数 L_i 之间比值的均衡程度，反映了产出结构和就业结构的耦合度。当经济处于均衡状态时，各产业生产率水平相同，即 $\frac{Y_i}{L_i} = \frac{Y}{L}$，此时 $TL = 0$。一般情况下，TL 指数大于零，TL 越大，表明产业结构越偏离均衡状态，即产业结构越不合理；反之，TL 指数越趋近于零，表明产业结构越合理。由式（3-4）可知，RIS 指数是对 TL 指数的正向化处理，RIS 指数越大，代表产业结构越合理。

产业结构高级化指数（OIS）。基于经济服务化是产业结构高级化的重要特征，多数已有研究将第三产业和第二产业地区生产总值之比作为产业结构高级化的代理指标。但是，服务业占比提升本身并非产业结构升级的必然体现（张建华和程文，2019），产业结构升级应包含相应的生产率内容（蔡昉，2013）。鉴于产业结构高级化包括产业间比例关系的变化和产业部门生产率的提高，本研究采用城市辖区第三产业与第二产业产值之比和劳动生产率之比的乘积衡量城市产业结构高级化，计算式为：

$$OIS_{it} = TS_{it} \cdot OP_{it} \qquad (3-5)$$

式中，TS_{it} 是城市辖区第三产业与第二产业生产总值之比，即 $TS_{it} = \frac{TI_{it}}{SI_{it}}$；$OP_{it}$ 代表第三产业与第二产业的劳动生产率之比。OIS 指数数值越大，表示城市产业结构越高级。

（二）核心解释变量

依据集聚经济外部性来源分类，产业集聚包括专业化集聚和多样化集聚两种集聚模式。本研究参考 Duranton 和 Puga（1999）的方法，构建专业化集聚指数和多样化集聚指数来表征城市生产性服务业集聚水平。

生产性服务业专业化集聚（SP）。按照生产性服务业内部结构的分布特征，当生产性服务业集聚主要体现在少数行业时，其结构相对较为单一，归为专业化集聚模式，专业化集聚指数计算式为：

$$SP_i = \max_j \frac{\frac{E_{ij}}{E_i}}{\frac{E_j}{E}} \qquad (3-6)$$

生产性服务业多样化集聚（DV）。当生产性服务业集聚表现为较均匀分布于生产性服务业各个行业时，产业结构呈现相对多元化，归为多样化集聚模式，多样化集聚指数计算式为：

$$DV_i = \frac{1}{\sum_j \left| \frac{E_{ij}}{E_i} - \frac{E_j}{E} \right|} \qquad (3-7)$$

式（3-6）和式（3-7）中，E_{ij} 表示城市 i 生产性服务业 j 的就业人数，E_i 表示城市 i 的总就业人数，E_j 为所有样本城市生产性服务业 j 的就业人数，E 为所有样本城市总就业人数。参照国家统计局发布的《生产性服务业统计分类（2019）》和席强敏等（2015）的研究，本研究中的生产性服务业行业包括"交通运输、仓储和邮政业""租赁和商业服务业""批发零售业""金融业""信息传输、计算机服务和软件业""科学研究、技术服务和地质勘查业"。分行业而言，根据人均产值与技术密集度划分高端、中低端生产性服务业（宣烨和余泳泽，2014），高端生产性服务业包括"金融业""信息传输、计算机服务和软件业""科学研究、技术服务和地质勘查业"，中低端生产性服务业包括"交通运输、仓储和邮政业""租赁和商业服务业""批发零售业"。

（三）控制变量

经济发展水平（Pergdp）。由配第-克拉克定理可知，随着经济发展水平的提高，劳动力在三次产业间依次转移，地区产业结构由低级向高级变迁。本研究采用城市辖区人均生产总值度量城市经济发展水平。

信息基础设施水平（Inf）。信息基础设施是加速知识、信息和技术有效传播的重要媒介，有助于推进知识密集型的中间服务产品实现跨时空快速传播与交易。本研究以城市每万人接入互联网数来衡量城市信息基础设施水平。

交通基础设施水平（Road）。完善的交通基础设施有助于降低关联企业之间的运输成本和交易成本。本研究采用城市辖区人均道路面积衡量交通基础设施水平。

人力资本水平（Hum）。人力资本正取代"人口红利"促进劳动生产率提升，成为推动产业结构优化升级的内生动力。本研究使用城市辖区每万人中高等学校在校生人数来表征城市人力资本储备水平。

政府干预程度（*Gov*）。我国产业发展具有政府主导的特征，政府的制度安排在产业结构变迁中发挥着重要作用。本章研究采用城市辖区财政支出与财政收入的比值衡量政府干预程度。

（四）样本选取与数据来源

本章选取的样本是 2004—2018 年我国 283 个城市的面板数据，原始数据主要来源于 2005—2019 年的中国城市统计年鉴和城市建设统计年鉴。为确保数据完整性，样本城市选取除拉萨、巢湖、毕节、铜仁、三沙、海东、陇南和中卫外的地级及以上城市，个别缺失数据采用插值法补充。此外，城市规模等级划分参考《国务院关于调整城市规模划分标准的通知》（2014年），根据城市辖区年末人口数，将样本城市划分为 4 个规模层级，中小城市、Ⅱ型大城市、Ⅰ型大城市、超大及特大城市的人口规模依次为 100 万人以下、100 万~300 万人、300 万~500 万人、500 万人以上。

第五节　实证结果与讨论

一、基于总体生产性服务业的实证分析

城市层级体系视角下，使用系统广义矩估计法（GMM）对本章第四节构建的动态面板模型（1）和模型（2）进行估计，回归结果见表 3-2。两个模型通过了 *Sargan* 检验，说明工具变量的选择是有效的，不存在过度识别问题。*AR*（1）和 *AR*（2）的概率 p 值表明随机扰动项存在一阶序列相关，不存在二阶序列相关，符合 GMM 有效性的假定。表 3-2 中被解释变量的滞后项系数均显著为正，且模型（2）中滞后项的回归系数大于模型（1）滞后项的回归系数，说明各层级城市的产业结构调整均存在显著的正向动态特征，且产业结构高级化的惯性大于产业结构合理化的惯性。

表 3-2 不同规模等级城市生产性服务业集聚的产业结构优化效应

	模型（1）：产业结构合理化				模型（2）：产业结构高级化			
变量	中小城市	Ⅱ型大城市	Ⅰ型大城市	超大及特大城市	中小城市	Ⅱ型大城市	Ⅰ型大城市	超大及特大城市
lnSP	-0.0233**	0.0635**	0.0816***	-0.0127	0.1046***	0.1382**	0.2852***	0.2163***
	(-2.12)	(2.47)	(3.26)	(-0.85)	(3.38)	(2.42)	(5.03)	(3.61)
lnDV	-0.1285**	-0.0069	0.2308***	0.3615***	-0.0423**	0.0688	0.1206***	0.3401***
	(-2.56)	(-0.23)	(6.52)	(6.98)	(-2.35)	(1.05)	(3.66)	(6.67)
lnPergdp	-0.0532**	-0.0371*	0.0315	0.0236	0.0273**	0.0485***	0.0502***	0.0547***
	(-2.17)	(-1.85)	(1.52)	(1.18)	(2.36)	(6.03)	(5.87)	(6.09)
lnRoad	0.0173	0.0152	0.0096	0.0128	0.0563***	0.0491***	0.0167	0.0105
	(1.21)	(1.09)	(0.87)	(1.03)	(3.85)	(3.27)	(1.25)	(0.92)
lnInf	0.0332***	0.0407***	0.0619***	0.0633***	0.0251***	0.0514***	0.0896***	0.1038***
	(3.51)	(3.88)	(5.74)	(6.87)	(3.42)	(3.63)	(7.47)	(8.65)
lnHum	0.0163	0.0293*	0.0505**	0.0713***	0.0416**	0.0722***	0.1157***	0.1687***
	(1.05)	(1.89)	(2.52)	(3.85)	(2.44)	(4.57)	(5.78)	(6.83)
lnGov	-0.0895**	-0.0920	0.0683	0.0726	0.0183	0.0912*	0.2125***	0.2604***
	(-2.23)	(-1.55)	(0.74)	(1.02)	(0.43)	(1.81)	(3.03)	(3.87)

续表 3-2

变量	模型 (1): 产业结构合理化			模型 (2): 产业结构高级化		
	中小城市	Ⅱ型大城市	Ⅰ型大城市	超大及特大城市	中小城市	Ⅱ型大城市	Ⅰ型大城市	超大及特大城市
$\ln RIS_{t-1}$	0.5806***(9.68)	0.4902***(9.81)	0.6154***(10.26)	0.7337***(11.30)	—	—	—	—
$\ln OIS_{t-1}$	—	—	—	—	0.7103***(10.14)	0.8623***(12.87)	0.8207***(13.06)	0.8859***(12.69)
常数项	0.7201***(5.63)	0.3703**(2.32)	−0.0535(−0.86)	0.0133(0.91)	0.3907*(1.77)	0.2581**(2.25)	0.3022***(2.98)	0.2712**(2.16)
Sargan 检验	0.251	0.420	0.243	0.218	0.359	0.307	0.276	0.311
AR (1)	0.002	0.011	0.003	0.007	0.015	0.006	0.012	0.001
AR (2)	0.508	0.753	0.470	0.516	0.686	0.335	0.631	0.592

注: *、**、***分别表示在10%、5%、1%水平上显著;括号里为 t 统计量; Sargan 检验和 Arellano-Bond 给出显著性概率 p 值。城市规模等级划分参考国务院于 2014 年印发的《国务院关于调整城市规模划分标准的通知》。

本章重点考察了不同规模层级城市的生产性服务业专业化集聚、多样化集聚对城市产业结构合理化与高级化的异质性影响。由表3-2的回归结果可得到以下四点结论。

第一，对中小城市而言，生产性服务业专业化集聚对产业结构合理化影响的回归系数显著为负，对产业结构高级化影响的回归系数显著为正；而多样化集聚对产业结构合理化与高级化影响的回归系数在5%的显著性水平上均显著为负。这说明中小城市的生产性服务业专业化集聚促进了产业结构高级化，但不利于产业结构合理化；而多样化集聚既不利于产业结构高级化，也不利于产业结构合理化。究其原因，中小城市制造业发展层次较低，整体上尚未形成适宜生产性服务业集聚的经济结构，在"退二进三"产业政策的影响下，中小城市的生产性服务业集聚对其他产业产生了"挤出效应"，抑制了城市产业结构合理化。同时，中小城市的制造业规模也决定了其对生产性服务的需求种类较单一，多样化集聚在中小城市多表现为低水平重复建设，降低了城市资源配置效率，不利于产业结构优化。这意味着，中小城市不能盲目追求产业结构高级化，忽视产业结构合理化，现阶段应更加重视产业结构合理化，在有选择性地推进生产性服务业专业化集聚的同时，更要注重当地制造业与特色产业的发展，加强产业间的关联协调程度，促进产业结构合理化。

第二，对Ⅱ型大城市而言，生产性服务业专业化集聚对产业结构合理化与高级化影响的回归系数均在5%的显著性水平上显著为正，且对产业结构高级化影响的回归系数大于对产业结构合理化影响的回归系数；而其多样化集聚在模型（1）和模型（2）中的回归系数均不显著。这说明生产性服务业专业化集聚在Ⅱ型大城市对产业结构优化存在促进效应，且对产业结构高级化的作用大于对产业结构合理化的作用，而其多样化集聚对产业结构优化的作用尚不明显。可能的原因是，Ⅱ型大城市生产性服务业多样化集聚的行业选择与城市工业结构、要素供给、经济布局尚未实现有效匹配，产城关系有效匹配程度不足影响了多样化集聚模式正向效应的发挥。

第三，对Ⅰ型大城市而言，模型（1）和模型（2）中的生产性服务业专业化集聚、多样化集聚的回归系数均在1%的显著性水平上显著为正，不同的是，在模型（1）中多样化集聚的回归系数大于专业化集聚的回归系数，而在模型（2）中专业化集聚的回归系数明显大于多样化集聚的回归系数。这说明生产性服务业集聚在Ⅰ型大城市能够有效促进产业结构合理化与高级化，且其专业化集聚模式对产业结构高级化的作用大于对产业结构合理化的作用，而多样化集聚对产业结构合理化的促进效应更强。同时，在模型（2）中Ⅰ型大城市多样化集聚的回归系数明显小于超大及特大城市多样化集聚的回归系数，说明在Ⅰ型大城市中生产性服务业多样化集聚的产业结构高级化效应仍然不足。可能的原因是，生产性服务业多样化集聚在Ⅰ型大城市主要通过行业间要素互补、分工深化促进产业链延伸，改善了产业间要素配置效率，但多样化集聚的行业间协同创新效应的发挥仍存在较大提升空间。

第四，对特大及超大城市而言，生产性服务业专业化集聚对产业结构合理化影响的回归系数不显著，对产业结构高级化影响的回归系数显著为正；其多样化集聚对产业结构合理化与高级化影响的回归系数均在1%的显著性水平上显著为正，且在模型（2）中多样化集聚的回归系数明显大于专业化集聚的回归系数。这说明在特大及超大城市，生产性服务业专业化集聚仅能促进产业结构高级化，而多样化集聚则既能促进产业结构合理化，又能促进产业结构高级化，还验证了多样化集聚的产业结构优化效应存在明显的大城市优势。这意味着，超大及特大城市的生产性服务业发展更适合多样化集聚模式。究其原因，一方面，超大及特大城市的制造业发展层次较高、规模较大，不仅需要专业化水平较高的生产性服务业对制造业企业的研发设计、生产工艺、产品检测、产品营销、售后服务等环节提供专业化支持，而且需要生产性服务业不同行业间知识技术跨界融合以驱动新技术、新行业的产生，从供给层面引领制造业价值链攀升，为产业结构升级提供不竭动力；另一方面，超大及特大城市大多是国家中心城市或区域中心城市，无论是资金、人才、技术、信息等创新要素的集聚整合程度，还是政策制度层面的支持力度，超大及特大城市都具有绝对优势，有利于多样化集聚模式结构红利效应的释放。

关于控制变量的回归结果，由表3-2中控制变量的回归系数及其显著性可知以下五点。

第一，经济发展水平的提高促进了产业结构高级化，但对产业结构合理化的影响在中小城市和Ⅱ型大城市为负向作用，在Ⅰ型大城市、超大及特大城市的正向作用不显著。这说明在经济不断增长的过程中，城市产业结构变迁遵循由低级向高级转变的经济发展规律，追求经济增长数量而忽视要素资源在产业间的利用效率和协调程度，不利于产业结构合理化。

第二，交通基础设施水平对产业结构合理化的影响不显著，对产业结构高级化的影响仅在中小城市和Ⅱ型大城市显著为正。可能的原因是，交通通达性有利于中小城市和Ⅱ型大城市承接来自邻近核心城市的产业转移，更容易获得区域内核心城市的人才和技术溢出效应。

第三，信息基础设施水平对产业结构合理化与高级化的影响均在1%的显著性水平上显著为正。这意味着，信息基础设施作为助力产业互联和数据资源共享的新型基础设施，在各层级城市的产业结构优化过程中具有重要作用。

第四，人力资本对产业结构高级化的影响在各层级城市均显著为正，对产业结构合理化的影响在大城市显著为正，在中小城市不显著。这说明人力资本是实现产业结构向更高层次发展的核心资源，在促进人力资本积累的同时，应更加关注城市就业结构与产出结构的耦合程度。

第五，政府干预程度对产业结构合理化的影响在中小城市显著为负，在Ⅱ型和Ⅰ型大城市、超大及特大城市不显著；对产业结构高级化的影响在Ⅱ型和Ⅰ型大城市、超大及特大城市显著为正，在中小城市的促进效应不显著。这表明，政府干预在产业结构调整中的正向作用主要体现为促进产业结构高级化。可能的原因是，由地方政府主导的产业发展模式易使各地结构调整"模式跟风"，不利于产业结构合理化。

二、不同类型生产性服务业分组的实证分析

不同类型生产性服务业的人均产值与技术密集度存在明显差异，其对产业结构合理化与产业结构高级化的作用也可能不同。为此，本节接下来将进一步实证分析高端生产性服务业集聚和中低端生产性服务业集聚对产业结构优化的异质性影响。表3-3为在行业分类情景下模型（1）和模型（2）的回归结果，其中Sargan检验值、AR（1）和AR（2）均显示模型中不存在二阶自相关和过度识别偏误，系统广义矩估计法的结果是有效的。

第三章　生产性服务业集聚对城市产业结构优化的影响

表3-3　行业分类情景下城市生产性服务业集聚效应的回归结果

模型	变量	高端生产性服务业				中低端生产性服务业			
		中小城市	II型大城市	I型大城市	超大及特大城市	中小城市	II型大城市	I型大城市	超大及特大城市
模型(1)产业结构合理化	$\ln SP$	-0.0482** (-2.27)	0.0792** (2.45)	0.1024** (2.51)	0.1015 (1.49)	-0.0102* (-1.74)	0.0445 (1.02)	-0.0187 (-0.98)	-0.0319*** (-2.98)
	$\ln DV$	-0.1307*** (-4.23)	-0.0573*** (-3.11)	0.2153*** (5.32)	0.3922*** (6.53)	-0.0903*** (-3.18)	0.1036** (2.59)	0.0658*** (3.31)	0.0405*** (3.03)
	$\ln RIS_{t-1}$	0.5912*** (10.72)	0.5001*** (10.21)	0.6049*** (11.42)	0.7253*** (12.28)	0.5524*** (11.05)	0.4668*** (10.37)	0.6813*** (13.16)	0.7855*** (14.03)
	Sargan 检验	0.284	0.517	0.259	0.415	0.490	0.265	0.198	0.312
	AR (1)	0.007	0.001	0.014	0.003	0.012	0.034	0.009	0.016
	AR (2)	0.539	0.608	0.615	0.590	0.771	0.758	0.801	0.657

续表3-3

模型	变量	高端生产性服务业				中低端生产性服务业			
		中小城市	II型大城市	I型大城市	超大及特大大城市	中小城市	II型大城市	I型大城市	超大及特大大城市
(2)产业结构高级化	$\ln SP$	-0.0395* (-1.86)	0.1603** (2.53)	0.3153*** (5.16)	0.2895*** (5.03)	0.1527*** (4.86)	0.0059 (0.45)	-0.0125 (-1.06)	-0.0452 (-1.28)
	$\ln DV$	-0.0571* (-1.91)	-0.0181* (-1.85)	0.1069 (1.52)	0.3773*** (6.21)	-0.0315* (-1.71)	0.0734* (1.92)	-0.0207 (-1.18)	-0.0236 (-1.04)
	$\ln OIS_{t-1}$	0.7851*** (12.07)	0.8705*** (12.43)	0.7926*** (11.54)	0.8511*** (12.71)	0.7022*** (10.30)	0.8312*** (12.28)	0.8633*** (12.58)	0.9206*** (13.15)
	Sargan检验	0.362	0.298	0.393	0.477	0.486	0.504	0.421	0.183
	AR(1)	0.021	0.017	0.036	0.015	0.028	0.009	0.023	0.011
	AR(2)	0.633	0.705	0.629	0.511	0.702	0.587	0.638	0.816

注：*、**、***分别表示在10%、5%、1%水平上显著，括号里为t统计量；Sargan检验和Arellano-Bond给出显著性p值。限于篇幅，表中未报告其他控制变量的回归结果。

关于高端生产性服务业集聚对城市产业结构合理化与高级化的影响，由表3-3报告的核心解释变量回归结果可知以下四点。

第一，对中小城市而言，高端生产性服务业专业化集聚和多样化集聚的回归系数显著为负，说明高端生产性服务业集聚在中小城市不利于城市产业结构优化。究其原因，高端生产性服务业具有服务半径大、知识密度高、交易频率小等特征。从需求层面看，中小城市的制造业发展水平和层次对高端生产性服务的实际市场需求不足；从供给层面看，中小城市资金、技术、人才等要素的规模和结构也很难支撑知识密集型的高端生产性服务业发展。产城关系不匹配势必会降低产业间资源配置效率，不利于产业结构优化。

第二，对Ⅱ型大城市而言，高端生产性服务业专业化集聚对产业结构合理化和高级化影响的回归系数均显著为正，而其多样化集聚的回归系数显著为负。这说明在Ⅱ型大城市，高端生产性服务业的专业化集聚能促进产业结构合理化与高级化，而其多样化集聚不利于产业结构优化，即高端生产性服务业在Ⅱ型大城市适合专业化集聚模式。

第三，对Ⅰ型大城市而言，高端生产性服务业专业化集聚对产业结构合理化与高级化影响的回归系数均显著为正，且对产业结构高级化影响的回归系数相对较大；其多样化集聚在模型（1）中的回归系数显著为正，但在模型（2）中的回归系数不显著。这说明在Ⅰ型大城市，高端生产性服务业专业化集聚既能促进产业结构合理化，又能促进产业结构高级化，且对产业结构高级化的促进效应更强；而其多样化集聚仅能促进产业结构合理化，对产业结构高级化的促进效应尚不明显。

第四，对超大及特大城市而言，高端生产性服务业专业化集聚对产业结构合理化影响的回归系数正向不显著，对产业结构高级化影响的回归系数显著为正；其多样化集聚的回归系数在模型（1）和模型（2）中均显著为正，且在模型（2）中多样化集聚的回归系数大于专业化集聚的回归系数。这说明高端生产性服务业在超大及特大城市的专业化集聚促进产业结构高级化，而多样化集聚能促进产业结构两个维度的优化。究其原因，超大及特大城市汇聚了资金、人才、技术、制度等创新要素，一方面，互补性创新要素同地集聚，提高了要素资源在产业间的耦合程度和配置效率；另一方面，由高校、科研院所、行业协会、各类支撑平台组成的柔性生产综合体，与多样化的生产性服务业和制造业企业空间共聚，形成城市创新网络生态系统（Behrens K，2014）。这有利于强化产业间的协同创新机制，加速异质性知识技术互动,深化城市创新价值链,推动突破性技术创新和新经济、新产业形成。

关于中低端生产性服务业集聚对城市产业结构合理化与高级化的影响,由表3-3的回归结果可知以下四点。

第一,对中小城市而言,中低端生产性服务业专业化集聚对产业结构合理化影响的回归系数显著为负,对产业结构高级化影响的回归系数显著为正;其多样化集聚在模型(1)和(2)中的回归系数均显著为负。这说明中低端生产性服务业在中小城市的专业化集聚有利于产业结构高级化,但不利于产业结构合理化,多样化集聚会抑制产业结构合理化与高级化。这意味着,中小城市的生产性服务业规划应以服务于当地的制造业为基础,在科学规划中低端生产性服务业专业化集聚的同时,要重视生产性服务业与当地制造业产业间的协调关联程度,促进产业结构合理化。

第二,对Ⅱ型大城市而言,中低端生产性服务业专业化集聚的回归系数为正,但不显著;其多样化集聚对产业结构合理化与高级化影响的回归系数分别在5%和10%的显著性水平上显著为正,说明中低端生产性服务业在Ⅱ型大城市的多样化集聚有利于产业结构优化。这意味着在Ⅱ型大城市,中低端生产性服务业集聚主要通过产业分工细化、产业链延伸促进产业结构高级化;通过加速初始要素再分配、提高要素资源耦合程度促进产业结构合理化。

第三,对Ⅰ型大城市而言,中低端生产性服务业专业化集聚对产业结构合理化和高级化影响的回归系数均不显著,多样化集聚对产业结构合理化影响的回归系数显著为正,但对产业结构高级化影响的回归系数不显著。这说明在Ⅰ型大城市,中低端生产性服务业多样化集聚促进产业结构合理化,但不能促进产业结构高级化。

第四,对超大及特大城市而言,中低端生产性服务业的专业化集聚对产业结构合理化的影响显著为负,多样化集聚对产业结构合理化的影响显著为正,二者对产业结构高级化的影响均不显著。这说明中低端生产性服务业在超大及特大城市的专业化集聚不利于产业结构合理化,而其多样化集聚对产业结构合理化存在正向作用,但也不能促进产业结构高级化。其可能的原因是,中低端生产性服务业相同行业过度集聚导致产生"拥塞效应",且生产性服务业内部结构初级化容易形成产业价值链的中低端路径锁定。这意味着,传统中低端生产性服务业已不能满足超大及特大城市的产业结构升级需求,现代产业体系需要高标准数字化的现代物流仓储、批发零售和商务服务。

第六节　本章小结

为探索如何通过生产性服务业集聚促进城市产业结构优化，本章从产业结构合理化与高级化两个维度，在分析生产性服务业专业化集聚和多样化集聚对产业结构优化作用机理的基础上，构建生产性服务业集聚与产业结构优化的计量模型，以我国283个地级及以上城市为样本，实证检验不同层级城市生产性服务业集聚在城市产业结构优化中的作用。研究结果表明：异质性生产性服务业的两种集聚模式对城市产业结构合理化与高级化的影响，在不同规模层级城市间存在明显差异。

对中小城市而言，中低端生产性服务业专业化集聚对产业结构高级化有促进作用，对产业结构合理化有抑制作用；而中低端生产性服务业的多样化集聚、高端生产性服务业的专业化或多样化集聚均不利于产业结构的合理化与高级化。对Ⅱ型大城市而言，中低端生产性服务业的多样化集聚和高端生产性服务业的专业化集聚，能同时促进产业结构的合理化与高级化；而高端生产性服务业多样化集聚在Ⅱ型大城市不利于城市产业结构优化。对Ⅰ型大城市而言，高端生产性服务业专业化集聚既能促进产业结构合理化，又能促进产业结构高级化，且对产业结构高级化有更强的促进效应；而高端生产性服务业多样化集聚仅能促进产业结构合理化，对产业结构高级化的促进效应尚不明显；中低端生产性服务业多样化集聚能促进产业结构合理化，但对产业结构高级化的影响不显著。对超大及特大城市而言，高端生产性服务业集聚能有效促进产业结构合理化与高级化，且多样化集聚的促进效应明显强于专业化集聚的促进效应；中低端生产性服务业的专业化集聚会抑制产业结构合理化，而其多样化集聚虽有利于产业结构合理化，但不能促进产业结构高级化。

基于上述研究结论，本章为不同层级城市依托生产性服务业集聚促进城市产业结构优化提供以下四方面的政策建议。

第一，中小城市生产性服务业发展应以服务于当地的制造业为前提，科学规划中低端生产性服务业的专业化集聚。其一，重视当地制造业与特色产业的发展，警惕生产性服务业集聚对当地制造业发展形成"挤出效应"。中小城市应在确保制造业专业化发展规模的基础上，有选择性地推进中低端生产性服务业专业化集聚,提高生产性服务业与当地制造业产业间的协调关联度。其二,在经济服务化浪潮下,切忌盲目追求产业结构高级化,忽视产业结构合理化。值得注意的是,一味追求产业结构高级化,忽视产业结构不合理的负面影响,在短期内可能可以促进城市经济增长,但由于产业结构失衡,这种经济增长效应会逐渐消失,甚至引发一系列经济问题,只有建立在产业结构合理化基础上的产业结构高级化,才能实现产业结构优化的最终目标。

第二,对于Ⅱ型大城市,应在兼顾中低端生产性服务业多样化集聚的同时,推进高端生产性服务业专业化集聚。一方面,应加速人才、资本、技术等互补性生产要素自由流动,通过深化产业分工,发挥产业链中不同企业的比较优势,强化产业间横向、纵向的经济关联与分工协作,提高要素资源在中低端生产性服务业行业间的耦合程度和配置效率;另一方面,Ⅱ型大城市应以当地制造业发展需求和城市要素供给能力为依据,选择适宜的高端生产性服务业进行专业化集聚,培育生产性服务业对制造业高端化发展的精准支撑能力。

第三,对于Ⅰ型大城市,现阶段应侧重于高端生产性服务业专业化集聚,塑造以技术、标准、质量、品牌为核心的专业化优势,在提升高端生产性服务业专业化水平的基础上,为高端生产性服务业行业间协同创新效应的发挥开拓空间。其一,加强专业化人力资本积累,通过市场需求和要素供给共同推进高端生产性服务业专业化集聚;其二,营造公平有序的市场竞争环境,激励行业内技术创新,将更专业化的高附加值中间服务嵌入制造业生产环节和产业价值链中,推动制造业由低技术、低附加值向高技术、高附加值方向转变;其三,强化高端生产性服务业对中低端生产性服务业的行业渗透能力,通过行业间的深度融合与协同发展,促进传统中低端生产性服务业的现代化转型。

第四,超大及特大城市应抓住窗口机会,重点推进高端生产性服务业多样化集聚,充分释放高端生产性服务业行业间协同创新效应带来的溢出红利,发挥生产性服务业引领制造业抢占未来产业竞争制高点的重要作用。其一,加快建设高端生产性服务业多样化发展的产业集聚区,推进高端生产性服务业与先进制造业在产业价值链关键环节实现深度融合。围绕产业链部署创新链,发挥高端生产性服务业在供给层面的创新引领作用,基于新技术、新业态、新模式,驱动关键技术突破性创新、新产品孵化和新行业涌现。其二，着力优化城市创新生态系统，为异质性知识技术的跨界融合提供更多支撑平台和制度供给，从而提升高端生产性服务业行业间的协同创新能力。其三，进一步完善城市人力资本体系建设，为高端生产性服务业多样化发展提供人才支撑。一方面，加大对生产性服务业领军人才、高层次复合型人才的引进力度；另一方面，优化人才培养模式，推动高校、科研院所与企业联合培养复合型人才。其四，以"数智化"促进中低端生产性服务业"高端化"发展，为物联网、大数据、云计算、人工智能在中低端生产性服务业的应用提供更多场景。同时，应将部分中低端生产性服务业向地理邻近的Ⅱ型大城市及中小城市适度转移。此外，超大及特大城市还应以"平台城市"思维提升其生产性服务业对周边非核心城市的辐射带动能力，强化不同层级城市间的投入产出联系及主辅关系，让更多微观主体获得成本降低和知识溢出的正外部性。

第四章　生产性服务业集聚对城市绿色全要素生产率的影响

本章首先基于考虑非期望产出的超效率 SBM 模型及 GML 指数,测度我国 283 个城市的绿色全要素生产率,从专业化集聚和多样化集聚两个维度构建生产性服务业集聚与城市绿色全要素生产率的计量模型,并采用系统广义矩估计法进行实证检验。研究表明:生产性服务业的城市绿色全要素生产率增长效应存在多个维度的显著异质性,并随城市规模等级差异、城市行政级别差异、行业结构的差异而不同。最后,为依托生产性服务业集聚促进绿色全要素生产率提升提供政策建议。

第一节　问题的提出

近年来,生产性服务业对我国国民经济的拉动作用日益突显,与产业结构相比,服务业空间结构更能体现趋势化影响,对生产性服务业空间布局的谋划至关重要。然而,随着各地方政府竞相出台"退二进三"产业发展规划,产业结构的服务化转型总体上加速了服务业空间扩散和产业同构化。在经济高质量发展目标下,生产性服务业集聚能否促进绿色全要素生产率提升,实现经济绩效与环境绩效的双赢,是关系到我国转变发展方式、优化产业结构、转换增长动力能否成功的重大现实问题。

根据集聚外部性来源,产业集聚包括专业化集聚和多样化集聚两种集聚模式。专业化集聚的相关经济学理论强调同类企业信息成本的降低和同行业间的知识溢出(Marshall,1920),而多样化集聚理论则认为互补知识在不同产业间的溢出更为重要(Jacobs,1969)。专业化集聚和多样化集聚的产业内部结构及其对资源配置、技术创新的作用机理存在差异（Simonen，2015），理论上，两种集聚模式在绿色全要素生产率增长中的作用也可能不同。此外，集聚经济的规模和结构还相互制约，高起点的产业需要与之相匹配的人口要素集聚，而高标准的城市空间则是高端产业与高端人才集聚的空间载体，合理的集聚规模与集聚结构表现在区域"产业—人口—空间"的匹配上（孙久文 等，2017）。那么，生产性服务业集聚对城市绿色全要素生产率的影响，是否会因城市人口规模和城市行政级别的不同而有所差异？因此，在城市层级体系视角下探讨异质性生产性服务业的两种集聚模式对绿色全要素生产率的影响具有一定的理论合理性和现实必然性。

本章的边际贡献主要体现在以下三方面：其一，研究内容上，基于生产性服务业集聚视角探讨如何提升城市绿色全要素生产率，在城市层面检验生产性服务业集聚的绿色全要素生产率增长效应，为探索城市经济高质量发展的新路径提供现实依据。其二，研究视角上，从不同类型生产性服务业、不同产业集聚模式的双重视角，分析城市规模与城市行政级别制约下生产性服务业集聚对绿色全要素生产率的异质性影响。其三，研究方法上，在理论阐述生产性服务业集聚影响绿色全要素生产率的作用机理的基础上，构建动态面板模型分析生产性服务业集聚对城市绿色全要素生产率的影响，并采用系统广义矩估计法控制内生性问题。

第二节 相关文献回顾

本章以提升城市绿色全要素生产率为导向，旨在研究生产性服务业集聚的绿色全要素生产率增长效应。接下来，本节将从绿色全要素生产率影响因素、生产性服务业集聚影响经济增长的研究两个方面进行文献梳理。

关于区域绿色全要素生产率影响因素的研究，相关文献中绿色全要素生产率的影响因素主要包括经济因素、资源因素、结构因素、对外开放因素、环境政策因素等。大多数文献基于省级层面数据，从外商直接投资、环境规制、能源结构、产业结构、研发投入等视角展开研究。例如，沈可挺（2011）的研究认为，资本强度与绿色全要素生产率负相关，而能源效率、环境政策和外资流入有利于绿色全要素生产率增长；刘华军和杨骞（2014）采用广义空间面板自回归最小二乘法分析省级环境全要素生产率的影响因素，认为产业结构、能源结构的影响为负，而外商直接投资和环境规制的影响在统计上并不显著；Zhang 和 Tian（2016）提出，环境规制和研发投入能显著促进中国绿色全要素生产率增长，而外商直接投资和产业结构变化的影响显著为负；蔡乌赶和周小亮（2017）基于省级数据分析不同类型环境规制的绿色全要素生产率增长效应，研究发现我国市场激励型环境规制能够促进绿色全要素生产率增长，而命令控制型环境规制对绿色全要素生产率的影响不显著；傅京燕等（2018）研究发现，不同来源的外商直接投资对绿色全要素生产率的影响不同，且环境规制与外商直接投资的交互作用对绿色全要素生产率的影响显著为正；韩晶等（2019）的研究表明，产业结构高级化对绿色全要素生产率具有正向作用，而产业结构合理化对绿色全要素生产率的影响则因城市发展阶段不同而存在明显差异；朱文涛等（2019）基于我国 2003—2015 年省级面板数据，运用空间杜宾模型检验对外直接投资（outward foreign direct investment，OFDI）对绿色全要素生产率的影响，研究发现 OFDI 可以通过技术逆向溢出促进绿色全要素生产率提升。由于样本选择、研究视角和方法不同，现有研究对促进绿色全要素生产率增长的因素尚未形成共识。

关于生产性服务业集聚影响经济增长的研究，大多文献认为生产性服务业集聚通过降低交易成本、强化技术创新、提高技术扩散效率等途径，促进了国家或地区经济增长与生产率提升；少量文献关注了生产性服务业集聚效应的约束条件，发现生产性服务业集聚的经济增长效应受制于政府规模、城市规模和经济总量；也有研究基于产业链视角（徐从才和于宁，2008）、空间外溢效应视角（宣烨和余泳泽，2016；程中华 等，2017）、产业关联视角（席强敏，2015；于斌斌，2017）探讨了生产性服务业集聚对区域制造业生产效率的影响，研究表明生产性服务业集聚通过产业关联、专业化分工、知识和技术溢出等途径提升了制造业效率。

由此可见，生产性服务业集聚与区域绿色全要素生产率的相关研究存在以下三点不足：其一，对绿色全要素生产率影响因素的相关研究多基于省级层面数据，城市层面的研究相对匮乏，然而在现实中我国各省的不同城市并非同质化单元，城市尺度的绿色全要素生产率的影响因素可能更具多元化和异质性。其二，关于如何提升绿色全要素生产率，现有研究多侧重于环境规制、外商直接投资、研发投入、产业结构等视角展开研究，鲜有文献从生产性服务业集聚的视角研究如何提升绿色全要素生产率。其三，在生产性服务业集聚影响经济增长的文献中，有关产业、人口、空间要素叠加作用的研究较少，多数文献尚未将城市层级体系、产业类型与集聚模式三者同时纳入生产性服务业集聚效应的分析框架。

第三节 生产性服务业集聚影响绿色全要素生产率的作用机理

从新经济地理学理论出发，产业集聚是在"向心力"和"离心力"两种力量制约下企业的区位选择。其中，"向心力"来自规模经济、共享经济、产业关联、绿色知识溢出等正外部效应，而"离心力"则源于土地租金、资源消耗、运输成本、拥塞、环境污染等负外部性。因此，在环境规制趋紧的政策背景下，通过市场经济自发调节形成的产业集聚，理论上能够改善资源配置效率并促进绿色全要素生产率增长。但是，我国产业集聚具有政府主导的特征，环境规制也尚未完全实现市场化运作，在一定时期内，产业集聚不一定是市场经济自发形成的，从而可能改变生产性服务业集聚的绿色全要素生产率增长效应。此外，不同集聚模式对资源配置、产业结构、技术创新的影响也可能存在差异。产业集聚模式包括专业化集聚和多样化集聚，其中，专业化集聚模式的产业集聚特征主要体现在行业内同类企业的空间集聚，产业内部结构相对单一；而多样化集聚模式的集聚特征则表现为集聚企业较均匀地分布于多个行业，产业内部结构呈现多元化。如图4-1所示，以城市为载体的生产性服务业集聚区内，人才、资本、信息、技术、制度等创新要素的竞合机制活跃了创新行为，生产性服务业集聚可能通过规模经济效应、技术创新与扩散效应、产业结构效应和产城匹配效应作用于城市经济绩效与环境绩效，成为促进城市经济高质量发展的重要推力。本章依据产业集聚理论和创新经济学理论，从专业化集聚与多样化集聚两个维度，阐述生产性服务业集聚影响绿色全要素生产率增长的作用机理。

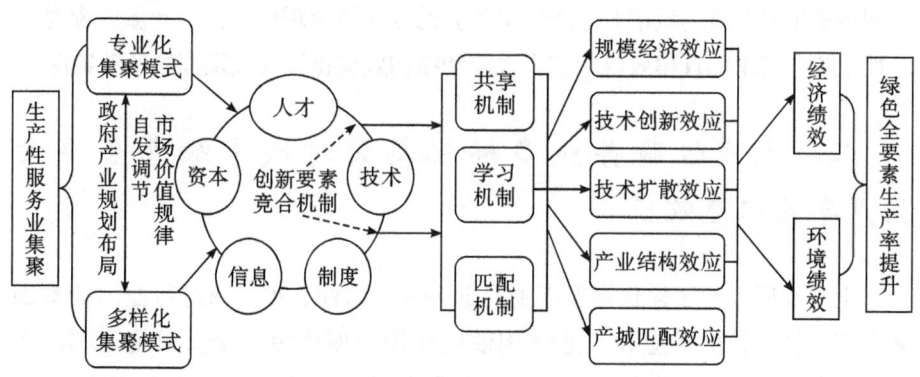

图4-1 生产性服务业集聚促进城市绿色全要素生产率增长的作用机理

一、生产性服务业专业化集聚对城市绿色全要素生产率的影响

专业化集聚模式的集聚外部性理论可追溯到 Marshall（1890）的产业区观点，生产性服务业专业化集聚通过 MAR 外部性带来的劳动力市场共享与中间投入品市场共享的规模经济效应，以及行业内技术创新与技术扩散效应，一方面通过共享机制实现成本节约，另一方面通过学习机制实现收益增加。首先，同类企业共享公共基础设施、潜在劳动力资源、中间供应商，加之在水平一体化、垂直一体化过程中溢出的剩余价值，可以大幅降低生产成本、搜寻成本、交易成本和污染排放治理成本。在专业化发展模式中，生产性服务业集聚会促使具有相应产业关联的制造业集聚，生产性服务业批量提供污染治理外包服务有助于降低制造业企业的减排成本，并通过信息共享降低制造业企业对生产性服务的信息搜寻成本。其次，生产性服务业专业化集聚势必会推动企业间隐性知识的传播，促进行业内知识和技术的创新与扩散。集聚区内知识、人才、信息的大量积聚与流动，有利于生产性服务业同类企业间形成人才、知识、信息、技术的交互网络，易于产生新思想，激发创新思维。生产性服务业企业在规模经济引发的市场竞争中更有效率地进行技术创新，在专业化经营中提高生产服务质量，将更专业化的高附加值中间服务产品嵌入制造业生产价值链，有助于城市经济增长方式从单纯依赖资源要素投入向依靠创新驱动的绿色高效发展模式转变。最后，生产性服务业专业化集聚的产城匹配，是生产性服务业行业结构和城市经济发展之间"供给"与"需求"关系的匹配。城市作为生产性服务业发展的空间载体，位于区域生产网络中不同节点的城市对生产性服务业的行业需求理应不同，产城匹配是生产性服务业集聚的规模效应、技术效应和结构效应得以有效发挥的基础条件。

二、生产性服务业多样化集聚对城市绿色全要素生产率的双重效应

生产性服务业多样化集聚产生的 Jacobs 外部性，主要通过行业间技术创新效应、技术扩散效应和产业结构效应作用于城市绿色全要素生产率。首先，生产性服务业多样化集聚有利于不同行业的知识与技术实现跨界融合，

彼此相互渗透以推动产业协同创新,而协同创新对创新资源的整合和要素再配置,将创造出高于原有知识形态的新知识、新制度,促进技术创新与技术效率改善。Rosenthal 和 Strange(2001)的研究表明,产业集聚形成的技术外溢不仅发生在相同或类似行业之间,知识溢出在从业者具有较高专业知识或技能的不同行业之间发生的概率更大。生产性服务业作为知识密集型产业,其多样化集聚模式有助于知识、技能和技术在互补的行业间溢出,从而通过创新要素的跨界融合发挥生产性服务业集聚的技术创新效应。其次,根据 Duranton 和 Puga(2001)的技术池观点,多样化集聚模式有利于企业通过社会网络获取异质性资源,凭借集成创新后的消化吸收再创新,推动技术创新成果的广泛应用与空间扩散;反过来,知识和技术的扩散又可能启发和推动新一轮的产品创新、管理组织创新和制度创新,甚至是新企业的创立和新产业的产生,从而形成技术创新的正向反馈机制。最后,多样化集聚模式使得生产性服务业各行业间的联系日趋密切,而完善的城市生产性服务产业链在促进自身产业结构合理化的同时,拓展了对制造业的服务范围,降低了制造业企业多样化需求的信息搜寻成本,有助于形成满足制造业绿色制造全方位生产服务需求的创新网络环境,从成本集约和价值链升级两方面加快制造业产业结构优化。

然而,生产性服务业多样化集聚的正向效应受城市经济发展阶段、人力资本结构、制造业产业结构及市场需求结构等多种因素的制约,城市人口规模作为一个城市的显著性特性,其在很大程度上是上述诸多制约因素的外部表现。城市层级体系中不同规模和不同行政级别的城市,在基础设施建设、人力资本储备、市场潜能、存量技术等方面存在差异。从需求层面看,随着制造业发展规模和层次的提高,城市对生产性服务的中间投入形成多样化需求,制造业规模和结构决定了生产性服务业集聚的合理模式与行业结构。规模等级较高的城市集聚了生产性服务密集型的制造业,出于上下游产业关联的原因,这种类型的制造业对生产性服务业存在大量需求,所以生产性服务业多样化集聚有利于大城市供需结构的平衡(金晓雨,2015);相反,中小城市的制造业结构特点决定了与其匹配的生产性服务业行业类型,且无论工业化水平如何,中小城市对生产性服务业的需求总量都会因城市规模限制而难以支撑其多样化发展,因而中小城市生产性服务业多样化集聚模式将导致产城关系不匹配。从供给层面看,资金、技术、人才、信息等创新要素易于在规模等级较高的城市集聚(Behrens,2014),加之关联产业、科研院所及行业协会等支撑机构空间共聚形成了柔性生产综合体,更能满足城市生产性服务业的多样化发展需求。而中小城市的资金、技术、人才等创新要素的规模和结构均难以支撑知识密集型高端生产性服务业的多样化发展,产城关系不匹配造成的资源错配会导致生产性服务业多样化集聚对绿色全要素生产率产生负向效应。

第四节 模型设定与变量选择

一、计量模型设定

根据本章上文分析,构建计量模型检验生产性服务业的专业化集聚和多样化集聚对城市绿色全要素生产率的异质性影响。一方面,考虑到城市前期绿色全要素生产率可能对后期绿色全要素生产率变化存在动态累积效应,实证模型中被解释变量表现出自回归;另一方面,我国生产性服务业集聚既是市场行为,也是政府行为,还存在政府产业发展政策主导和市场规律自发调节的因素,故有可能存在双向因果关系,静态面板模型的估计结果可能一致但并非无偏。因此,本章构建如下动态面板模型:

$$\ln GTFP_{it} = \beta_0 + \beta_1 \ln GTFP_{it-1} + \beta_2 \ln SP_{it} + \beta_3 \ln DV_{it} + \sum_j \beta_j \cdot \ln X_{it} + c_i + \eta_t + \varepsilon_{it} \tag{4-1}$$

式中,i 和 t 分别表示城市和年份,$GTFP_{it}$ 代表城市绿色全要素生产率指数,SP_{it} 和 DV_{it} 分别表示生产性服务业专业化集聚指数与生产性服务业多样化集聚指数;β 为系数矩阵;X_{it} 是控制变量,包括环境规制(WJ)强度、人力资本水平、信息基础设施水平、交通基础设施水平、政府干预程度、外商直接投资等影响绿色全要素生产率增长的其他因素;c_i 和 η_t 分别表示地区和时间非观察效应,ε_{it} 表示随机扰动项。随后,为进一步考察在环境管制趋紧的政策背景下,环境规制与生产性服务业集聚在影响城市经济高质量发展中的协同效应,在模型(4-1)的基础上引入两种生产性服务业集聚模式与环境规制强度的交互项,模型设定如式(4-2)所示。

$$\ln GTFP_{it} = \beta_0 + \beta_1 \ln GTFP_{it-1} + \beta_2 \ln SP_{it} + \beta_3 \ln DV_{it} + \beta_4 \ln SP_{it} \cdot \ln WJ_{it} + \beta_5 \ln DV_{it} \cdot \ln WJ_{it} + \sum_j \beta_j \cdot \ln X_{it} + c_i + \eta_t + \varepsilon_{it} \tag{4-2}$$

在动态面板模型中,由于解释变量包含被解释变量的一阶滞后项 $GTFP_{it-1}$,从而与扰动项相关,同时被解释变量绿色全要素生产率与解释变量生产性服务业集聚之间也可能存在双向因果关系,此时最小二乘虚拟变量法(least squares dummy variable,LSDV)和广义最小二乘法(generalized least squares,GLS)两种方法的估计结果都将是有偏且不一致的。因此,为控制双向因果关系可能引起的内生性问题,本章使用系统广义矩估计法(GMM)对动态面板模型进行估计。系统广义矩估计法融合了差分 GMM 与水平 GMM,采用因变量一阶差分的滞后项作为水平 GMM 方程中因变量滞后项的工具变量,在有限样本中能得出比差分 GMM 估计量更小的偏差。

二、变量设定和数据来源

根据研究目的,本章重点关注生产性服务业的专业化集聚与多样化集聚对城市绿色全要素生产率的差异化影响。鉴于在文献回顾部分提及的相关研究已表明绿色全要素生产率还受到信息与交通基础设施水平、人力资本水平、外商直接投资、政府干预程度和环境规制等因素的影响,故将这些变量作为控制变量引入,变量设置与计算方法见表 4-1。

表 4-1 变量设置与计算方法

	变量		计算方法
被解释变量	城市绿色全要素生产率	GTFP	基于包含非期望产出的超效率 SBM 模型,采用 GML 指数法测算
核心解释变量	生产性服务业专业化集聚	SP	生产性服务业各行业相对专业化集聚指数
	生产性服务业多样化集聚	DV	生产性服务业各行业相对多样化集聚指数
控制变量	信息基础设施水平	Inf	每万人接入互联网数
	交通基础设施水平	Road	城市人均道路面积(平方米)
	人力资本水平	Hum	每万人中高等学校在校生人数(人)
	外商直接投资	FDI	城市实际使用外资金额占 GDP 的比重
	政府干预程度	Gov	财政支出占财政收入的比重
	环境规制	WJ	城市工业二氧化硫的去除率

（一）被解释变量

被解释变量为城市绿色全要素生产率指数（GTFP）。绿色全要素生产率将"能源消耗"与"环境污染"纳入传统全要素生产率（TFP）的分析框架，是对传统全要素生产率的改进，更加符合我国当前"创新+绿色"的经济高质量发展目标。提升城市绿色全要素生产率意味着实现城市经济绩效与环境绩效的双赢。为科学解决绿色全要素生产率测算中的变量松弛、有效DMU可区分、跨期可比较等关键问题，确保测算结果的稳健性，参考Li和Shi（2014）的方法，本章基于包含非期望产出的超效率SBM模型，结合全局参比的GML指数，使用MaxDEA7 Ultra软件测算我国城市绿色全要素生产率指数。绿色全要素生产率测算模型中的变量指标包含投入指标、期望产出指标和非期望产出指标，具体的投入、产出指标设定及详细计算方法见表4-2。

表4-2　绿色全要素生产率测算的投入、产出指标与计算方法

变量		计算方法
投入指标	劳动力投入	城镇从业人员总数
	资本投入	采用永续存盘法计算固定资产资本存量K，计算式为： $K_{it} = (1-\delta)K_{i,t-1} + I_{it}$ 式中，i和t分别表示城市和年份；I表示新增社会固定资产投资，使用城市所在省份固定资产投资价格指数对城市全社会固定资产投资总额进行平减处理；δ表示固定资产折旧率，依据单豪杰（2009）的算法将其设定为10.96% 基期资本存量K_0的计算参考Hall和Jones（1999）的做法，计算式为： $K_0 = \dfrac{I_0}{g_i + \delta}$ 式中，g_i为一段时间内实际投资的几何平均增长率
	能源投入	城市全年用电量
产出指标	期望产出	以2003年为基期，根据城市所在省份的历年GDP指数算得城市GDP平减指数，对城市名义GDP进行平减消除价格因素影响，得到城市历年实际GDP
	非期望产出	参考涂正革（2008）等学者省际层面的相关研究，以城市工业二氧化硫排放量、工业废水排放量和工业烟尘排放量为非期望产出

（二）核心解释变量

生产性服务业集聚指数（SP 和 DV）。按照生产性服务业内部结构的分布特征，当生产性服务业集聚主要体现在少数行业时，其结构相对较为单一，归为专业化集聚模式；而当生产性服务业集聚表现为较均匀分布于生产性服务业各个行业时，产业结构呈现相对多元化，设定为多样化集聚模式。值得注意的是，专业化模式和多样化模式并不完全相互排斥，生产性服务业多样化集聚水平较高的城市也有可能同时在某细分行业的专业化集聚水平较高。考虑到不同人口规模城市的市场容量不同，无论是总体还是行业层面的就业人数都存在巨大差距，为客观评价城市产业集聚水平，需要剔除规模因素的影响，本章采用相对集聚指数对生产性服务业集聚程度进行研究。参考 Duranton 和 Puga（2000）的相对集聚指数测度方法，如式（4-3）和式（4-4）所示，构建生产性服务业专业化集聚指数（SP）和生产性服务业多样化集聚指数（DV）。

$$SP_t = \max_j \frac{S_{ij}}{S_j} \quad (4-3)$$

$$DV_i = \frac{1}{\sum_j |S_{ij} - S_j|} \quad (4-4)$$

式中，$S_{ij} = \frac{E_{is}}{E_i}$，$S_j = \frac{E_s}{E}$，$E_{is}$ 表示城市 i 的生产性服务业 s 的就业人数，E_i 表示城市 i 的总就业人数，E_s 为所有样本城市某生产性服务业 s 的就业人数，E 为所有样本城市的城市总就业人数。结合 Ke 等（2014）、席强敏等（2015）的研究，将中间需求率大于60%的服务业细分行业界定为生产性服务业，包括"交通运输、仓储和邮政业""租赁和商业服务业""批发零售业""金融业""信息传输、计算机服务和软件业""科学研究、技术服务和地质勘查业"六个行业。接下来，进一步根据人均产值与技术密集度划分高端生产性服务业和中低端生产性服务业（宣烨和余泳泽，2014），其中，将"交通运输、仓储和邮政业""租赁和商业服务业""批发零售业"界定为中低端生产性服务业，将"金融业""信息传输、计算机服务和软件业""科学研究、技术服务和地质勘查业"界定为高端生产性服务业。

（三）控制变量

基础设施水平。改善基础设施尤其是交通基础设施和信息基础设施，能够显著降低生产要素的运输成本，加速知识和信息的传播，降低交易费用，理论上有助于提升经济绩效与环境绩效。本章以城市人均道路面积衡量交通基础设施水平（Road），并使用每万人接入互联网数来反映城市信息基础设施水平（Inf）。

人力资本水平（Hum）。依据罗默（Paul Romer）和卢卡斯（Robert Lucas）的新经济增长理论模型，人力资本是经济内生增长的主要动力。因此，人力资本积累是提升经济增长质量的重要影响因素，是经济增长由依靠"人口红利"向释放"人才红利"转变的关键环节。本章使用每万人中高等学校在校生人数来衡量城市人力资本水平。

外商直接投资（FDI）。外资流入不仅能增加当地资本存量，还能促进当地先进技术的应用与管理水平的提高，并通过技术关联和知识溢出促进绿色全要素生产率增长。但与此同时，外商直接投资也可能存在"污染避难所"效应，不利于当地环境绩效的提升，对绿色全要素生产率产生负面影响。本章以城市年度实际使用外资金额占GDP的比重来反映城市外商直接投资水平，并将外资金额按历年人民币汇率平均价格进行折算。

政府干预程度（Gov）。政府干预对经济发展的影响存在正反两面性，适度的政府干预不仅有利于降低企业的技术创新风险成本，还有利于缓解"环境污染"等公共物品引发的市场失灵问题，而过度的政府干预则有可能扭曲资源配置，不利于市场经济机制运作。多年来，我国经济发展具有政府主导的特征，政府在城市公共基础设施建设、研发投入、人才培养等方面对城市经济增长产生深远影响。因此，本章采用财政支出与财政收入的比值来表示地方政府对经济的介入程度。

环境规制（WJ）。理论上，环境规制能通过"波特效应"形成倒逼机制，激励企业创新行为，促进企业加强绿色技术创新、产品创新、服务创新及管理模式创新，从而有利于绿色全要素生产率增长。考虑到样本期间城市环境污染治理投资总额数据缺失严重，本章研究从环境治理能力的角度用各城市工业二氧化硫的去除率来衡量环境规制强度，其中工业二氧化硫去除率等于二氧化硫去除量比二氧化硫去除量与排放量之和。

（四）样本选取与数据来源

本章选取的样本是2003—2016年我国283个城市的面板数据，原始数据主要来源于2004—2017年《中国城市统计年鉴》和《城市建设统计年鉴》。考虑到2011年至2013年间撤销了巢湖地级市、升级了贵州的毕节和铜仁为地级市、在海南设立三沙市、在青海设立了海东市,为保证样本数据完整性,样本中的283个城市是我国除拉萨、巢湖、毕节、铜仁、三沙、海东、陇南和中卫之外的地级及以上城市,个别年份城市的缺失数据采用插值法补充。为缓解异方差和多重共线性问题,对相关变量进行对数化处理。此外,城市规模等级划分参考国务院于2014年印发的《国务院关于调整城市规模划分标准的通知》,根据城市辖区年末人口数,将我国地级及以上城市划分为4个规模层级,中小城市、Ⅱ型大城市、Ⅰ型大城市、超大及特大城市的人口规模依次为100万以下、100万~300万、300万~500万、500万以上。

第五节 实证结果与讨论

一、不同人口规模层级城市生产性服务业集聚的绿色全要素生产率增长效应

(一)基于总体生产性服务业的分析

城市层级体系视角下,使用系统广义矩估计法对本章第四节构建的动态面板模型进行估计,回归结果见表4-3。系统广义矩估计通过了 Sargan 检验,说明工具变量的选择是有效的。从 AR(1)和 AR(2)的 p 值来看,随机扰动项存在一阶序列相关,不存在二阶序列相关,符合系统广义矩估计法有效性的假定。

表4-3 不同规模等级城市生产性服务业集聚模式的绿色全要素生产率增长效应

变量	中小城市	Ⅱ型大城市	Ⅰ型大城市	超大及特大城市
$\ln SP$	0.1274*** (6.03)	0.0437* (1.87)	0.1051*** (4.91)	0.1028*** (4.98)
$\ln DV$	-0.1055*** (-4.86)	0.0307 (1.55)	0.0861*** (4.57)	0.1674*** (6.52)
$\ln WJ$	0.0490** (2.15)	0.0523*** (3.29)	0.0869*** (3.57)	0.0906*** (3.98)

续表 4-3

变量	中小城市	II 型大城市	I 型大城市	超大及特大城市
$\ln Road$	0.0327** (2.23)	0.0305*** (3.01)	0.0067 (1.18)	0.0015 (1.24)
$\ln Inf$	0.0413** (2.12)	0.0571*** (3.16)	0.0605*** (3.32)	0.0631*** (3.39)
$\ln Hum$	0.0083 (0.57)	0.0319* (1.82)	0.0805*** (4.25)	0.0920*** (4.68)
$\ln FDI$	-0.0011 (-0.79)	-0.0172*** (-2.74)	0.0212*** (3.11)	0.0402*** (3.88)
$\ln Gov$	0.0812** (2.26)	-0.0305 (-1.54)	0.0269 (1.49)	0.1105** (2.51)
$\ln SP \cdot \ln WJ$	0.0030 (1.06)	0.0027 (1.02)	0.0072 (1.28)	0.0096 (1.53)
$\ln DV \cdot \ln WJ$	0.0012 (0.95)	0.0011 (0.87)	0.0526*** (2.83)	0.0608*** (2.97)
$\ln GTFP_{t-1}$	0.8752*** (34.13)	0.8379*** (40.18)	0.7927*** (43.72)	0.8176*** (39.80)
常数项	0.3162* (1.72)	0.3237** (2.25)	0.3502** (2.19)	0.2463** (2.41)
Sargan 检验	0.398	0.336	0.351	0.372
AR (1)	0.012	0.007	0.010	0.013
AR (2)	0.905	0.861	0.838	0.887

注：*、**、***分别表示在 10%、5%、1% 水平上显著；括号里为 t 统计量；Sargan 检验和 Arellano-Bond 给出显著性概率 p 值。

本章重点考察了不同规模层级城市的生产性服务业两种集聚模式对绿色全要素生产率的异质性影响。由表 4-3 中核心解释变量的回归系数及显著性可知以下四点。

第一，对特大及超大城市而言，生产性服务业两种集聚模式的回归系数均显著为正，其中多样化集聚模式的绿色全要素生产率增长效应较高，这说明生产性服务业集聚能够促进特大及超大城市绿色全要素生产率提升，且特大及超大城市的生产性服务业发展更适合选择多样化集聚模式。究其原因，市辖区人口规模500万以上的城市工业化水平较高，制造业产业结构相对高级化，因此从需求层面看，不仅需要专业化水平较高的生产性服务业对其制造业生产过程进行支撑，而且当地高端制造业的高精尖发展对生产性服务业也存在多样化需求。从供给层面看，特大及超大城市是资金、人才、技术、信息和制度等创新要素的汇集地，生产性服务多样化集聚在特大及超大城市更容易形成知识、技术的创新网络，使知识和技术能够在互补的行业间溢出，产生规模效应、技术效应、结构效应和匹配效应，从而实现经济绩效与环境绩效的双赢。

第二，对Ⅰ型大城市而言，生产性服务业专业化集聚和多样化集聚的回归系数均显著为正，其中专业化集聚的正向效应相对较高，而就多样化集聚正向效应而言，特大及超大城市明显领先于Ⅰ型大城市。这说明市辖区人口规模在300万~500万的城市，其生产性服务业集聚对城市绿色全要素生产率的影响显著为正，Ⅰ型大城市应在加强生产性服务业高度专业化的基础上，逐步推进专业化集聚模式向多样化集聚模式的平稳过渡。

第三，Ⅱ型大城市生产性服务业多样化集聚的回归系数不显著，专业化集聚的回归系数显著为正，但明显小于其他类型城市。这说明Ⅱ型大城市生产性服务业专业化集聚可以促进绿色全要素生产率增长，但其产业集聚的正向效应尚未被充分释放。其可能的原因是，Ⅱ型大城市生产性服务业发展模式存在资源错配的问题，产城关系有效匹配程度不高在一定程度上阻碍了正向集聚效应的有效发挥。

第四，对中小城市而言，生产性服务业专业化集聚的回归系数显著为正，但多样化集聚系数显著为负，说明生产性服务业专业化集聚能显著促进中小城市绿色全要素生产率提升，而多样化集聚则不利于中小城市绿色全要素生产率增长。这意味着，中小城市适合特色生产性服务业的专业化集聚模式，应避免生产性服务业"小而全"的低水平重复建设。究其原因，城市工业发展的规模和层次决定了与其相匹配的生产性服务业集聚模式与行业类型。由于中小城市工业规模较小，对生产性服务的需求种类较单一，生产性服务业多样化集聚在中小城市多表现为低水平重复建设，城市资源配置的扭曲阻碍了绿色全要素生产率的提升。

从生产性服务业集聚和环境规制交互项系数看，环境规制与生产性服务业专业化集聚交互项的回归系数在各层级城市中均不显著；而环境规制与生产性服务业多样化集聚交互项的系数，仅在Ⅰ型大城市、特大及超大城市中显著为正。这说明，从环境制度和产业集聚政策的协同来看，环境规制趋紧背景下的生产性服务业多样化集聚有利于Ⅰ型大城市、特大及超大城市的绿色全要素生产率提升。究其原因，一方面，随着城市环境规制力度逐步增大，制造业绿色转型的迫切需求传导到生产性服务业，倒逼城市生产性服务业加快行业间人才、信息、知识和技术等创新要素的跨界融合，通过"科技＋金融"等新兴元素加速异质性知识和技术在行业间流动，形成合力激励绿色技术的研发与应用，促进城市经济高质量发展；另一方面，高质量的生产性服务业多样化集聚，能为碳排放交易、排污权交易等市场激励型环境规制工具的设计与完善提供支撑。

从控制变量的估计结果看，有以下六点结论：①Ⅱ型和Ⅰ型大城市、超大及特大城市的人力资本对绿色全要素生产率的影响显著为正，而中小城市的人力资本效应尚未显现，表明人力资本积累在城市经济高质量发展中发挥着重要作用，各层级城市应进一步加强对人力资本的投资和储备；②信息基础设施对绿色全要素生产率的影响在5%的显著性水平上显著为正，说明信息化有助于推进知识、信息、技术等相关服务在产业内或产业间实现跨时空快速传播与交易，加强信息基础设施建设能够有效降低交易成本促进城市经济绿色高效发展；③交通基础设施对中小城市和Ⅱ型大城市绿色全要素生产率的影响显著为正，可能的原因是完善的交通基础设施更有利于中小城市和Ⅱ型大城市增强与邻近核心城市的产业关联和人才交流；④环境规制的回归系数在四个层级的城市中均显著为正，佐证了"波特假说"，说明适度的环境管制有利于通过倒逼机制形成绿色技术创新效应；⑤外商直接投资对绿色全要素生产率的促进作用仅在Ⅰ型大城市、超大及特大城市中得到验证，而外商直接投资在Ⅱ型大城市则会抑制绿色全要素生产率的增长；⑥政府干预程度的回归系数在中小城市、超大及特大城市显著为正，而在Ⅱ型和Ⅰ型大城市不显著，表明地方政府在培育城市经济潜力方面仍有待改进。政府在经济转型时期的作用固然重要，但这种重要性不是干预企业投资决策，而是优化公共支出结构，疏通建设知识传播的渠道。

（二）按不同类型生产性服务业分组的分析

基于行业异质性视角，按照人均产值与技术密集度差异，将生产性服务业分为高端生产性服务业和中低端生产性服务业。行业分组情景下的动态面板模型回归结果见表4-4，表中各列的 *Sargan* 检验值、*AR*（1）和 *AR*（2）均显示模型中不存在二阶自相关和过度识别偏误，说明系统广义矩估计法的估计结果是有效的。

高端生产性服务业集聚效应分析。从高端生产性服务业专业化集聚的回归系数看，中小城市的回归系数不显著，Ⅱ型大城市、Ⅰ型大城市、超大及特大城市高端生产性服务业专业化集聚的回归系数显著为正且依次递增；从高端生产性服务业多样化集聚的回归系数看，中小城市和Ⅱ型大城市的回归系数显著为负，Ⅰ型大城市、超大及特大城市的回归系数显著为正。由此可见，其一，对于中小城市，高端生产性服务业集聚不利于绿色全要素生产率的提升；其二，对于Ⅱ型大城市，虽然高端生产性服务业专业化集聚能够促进绿色全要素生产率增长，但多样化集聚存在显著负向效应；其三，对于Ⅰ型大城市、超大及特大城市，高端生产性服务业的两种集聚模式均能促进城市绿色全要素生产率提升，其中Ⅰ型大城市的专业化集聚效应强于多样化集聚效应，而超大及特大城市则是多样化集聚效应更强。其可能的原因是，首先，在需求层面上，生产性服务业集聚的结构由城市制造业的规模和发展层次决定，大城市生产性服务业发展必须适应高技术制造业的转型升级需求；在供给层面上，高端生产性服务业要实现真正意义上的高端化发展，对人力资本、资金配置、技术投入等要素的要求较高，而中小城市即使发展高端生产性服务业也难以支撑相应的高端要素供给。其次，在拥有足够市场需求的大城市，高端生产性服务业更易于与上下游企业产生紧密联系，其在这些城市集聚也更有利于获得制度政策上的优势。城市规模越大，高端服务业通过产业前后向关联效应、知识溢出效应及中间产品本地市场效应对绿色全要素生产率提升的正向作用就越强。最后，高端生产性服务业的就业人员往往具有较高的文化程度和专业技能，知识密集型产业的行业间知识和技术溢出往往比行业内知识技术溢出更易于激发技术创新和制度创新。因此，超大及特大城市应以高端生产性服务业多样化集聚为抓手，促进绿色全要素生产率增长；而Ⅰ型大城市则应在提升高端生产性服务业专业化水准的基础上逐步拓展行业门类，推进高端产业融合互动发展。

表 4-4 异质性生产性服务业不同集聚模式的动态面板系统广义矩估计法的回归结果

变量	高端生产性服务业			中低端生产性服务业			
	中小城市	Ⅱ型大城市	Ⅰ型大城市	超大及特大城市	中小城市	Ⅱ型大城市	Ⅰ型大城市	超大及特大城市
$\ln SP$	0.0207	0.0385*	0.1084***	0.1368***	0.1336***	0.0053	-0.0701***	-0.0760*
$\ln DV$	-0.0992**	-0.0771*	0.0736*	0.1803***	-0.0051	0.0472**	0.0162	-0.0216
$\ln WJ$	0.0479**	0.0517**	0.0861***	0.0902***	0.0498**	0.0539***	0.0885***	0.0921***
$\ln Road$	0.0332**	0.0314***	0.0078	0.0019	0.0330**	0.0311**	0.0048	0.0023
$\ln Inf$	0.0421**	0.0577***	0.0611***	0.0628***	0.0424**	0.0582***	0.0631***	0.0643***
$\ln Hum$	0.0072	0.0302*	0.0801***	0.0913***	0.0078	0.0323**	0.0827***	0.0951***
$\ln FDI$	-0.0013	-0.0181**	0.0204***	0.0405**	-0.009	-0.0156**	0.0231**	0.0416**
$\ln Gov$	0.0806**	-0.0279	0.0251	0.1098***	0.0813**	-0.0310	0.0244	0.1107**
$\ln GTFP_{t-1}$	0.8743***	0.8361***	0.7903***	0.8161***	0.8748***	0.8375***	0.7882***	0.8174***
常数项	0.2039	0.1885	0.1730	0.1926	0.1572	0.1168	0.1263	0.1269
Sargan 检验	0.317	0.406	0.397	0.466	0.373	0.535	0.497	0.458
AR(1)	0.002	0.001	0.015	0.004	0.003	0.002	0.011	0.008
AR(2)	0.913	0.878	0.837	0.891	0.872	0.857	0.830	0.869

注：*、**、***分别表示在10%、5%、1%水平上显著；Sargan 检验和 Arellano-Bond 给出显著性概率 p 值。高端生产性服务业包括"金融业""信息传输、计算机服务和软件业""科学研究、技术服务和地质勘查业"，中低端生产性服务业包括"租赁和商务服务业""交通运输、仓储和邮政业""批发零售业"。

中低端生产性服务业集聚效应分析。从中低端生产性服务业专业化集聚的回归系数看，中小城市生产性服务业专业化集聚的回归系数在1%的显著性水平上显著为正，Ⅱ型大城市的回归系数不显著，Ⅰ型大城市、超大及特大城市的系数显著为负；从中低端生产性服务业多样化集聚的回归系数看，仅Ⅱ型大城市的相应系数在10%的显著性水平上显著为正，其他规模层级城市的相应系数均不显著。这说明，中小城市中低端生产性服务业专业化集聚能够促进城市绿色全要素生产率增长；Ⅱ型大城市中低端生产性服务业多样化集聚有利于绿色全要素生产率增长；而Ⅰ型大城市、超大及特大城市中低端生产性服务业的专业化集聚模式则会抑制绿色全要素生产率增长，多样化集聚模式作用不显著。其可能的原因是，一方面，中低端生产性服务业发展更多地依赖于生产成本节约和交易频率提高，适合在市场规模较小的中小城市进行专业化集聚；另一方面，Ⅰ型大城市、超大及特大城市中低端生产性服务业过度集聚势必会对城市有限资源产生挤出效应，降低城市资源配置效率。因此，中低端生产性服务业在中小城市适合于专业化集聚模式；而Ⅰ型大城市、超大及特大城市则应适时将部分中低端生产性服务业向周边中小城市和Ⅱ型大城市梯度转移，优化城市资源配置结构。

二、不同行政级别城市生产性服务业集聚的绿色全要素生产率增长效应

（一）基于总体生产性服务业的分析

城市层级体系视角下，我国城市层级的差异不仅体现在人口规模层级上，还体现在行政级别上。鉴于全国城镇体系规划中将国家中心城市设置为城镇体系的最高层级，且国家中心城市集中了我国人口、空间、资源和政策上的主要优势，在经济高质量发展中的战略地位逐渐凸显，本研究按照地级城市、省会城市、副省级城市和国家中心城市4组样本分别检验生产性服务业集聚的绿色全要素生产率增长效应，模型的回归结果见表4-5。

表4-5 不同行政级别城市生产性服务业集聚模式的绿色全要素生产率增长效应

变量	地级城市	省会城市	副省级城市	国家中心城市
$\ln SP$	0.1096***	0.1087***	0.1105***	0.1063***
	(5.14)	(5.10)	(5.21)	(5.07)
$\ln DV$	0.0272	0.1383***	0.1610***	0.1681***
	(1.47)	(5.96)	(6.44)	(6.58)
$\ln WJ$	0.0522**	0.0827***	0.0890***	0.0901***
	(3.15)	(3.29)	(3.77)	(3.96)
$\ln Road$	0.0316***	0.0201***	0.0071	0.0053
	(3.23)	(2.99)	(1.42)	(1.04)
$\ln Inf$	0.0568***	0.0601***	0.0621***	0.0635***
	(3.13)	(3.28)	(3.37)	(3.43)
$\ln Hum$	0.0387**	0.0863***	0.0902***	0.0923***
	(2.25)	(4.02)	(4.25)	(4.73)
$\ln FDI$	-0.0295***	0.0287*	0.0392***	0.0398***
	(-2.83)	(1.72)	(3.81)	(3.86)
$\ln Gov$	0.0306	0.0655**	0.0759**	0.1053***
	(1.47)	(2.28)	(2.35)	(2.95)
$\ln SP \cdot \ln WJ$	0.0039	0.0076	0.0068	0.0090
	(1.13)	(1.22)	(1.20)	(1.45)
$\ln DV \cdot \ln WJ$	0.0017	0.0533***	0.0505***	0.0598***
	(1.02)	(2.84)	(2.81)	(2.92)
$\ln GTFP_{t-1}$	0.8504***	0.8903***	0.8932***	0.9010***
	(37.83)	(41.05)	(43.82)	(45.01)
常数项	0.1016***	0.1072	0.1820*	0.2054***
	(2.79)	(1.25)	(1.79)	(3.01)
Sargan检验	0.284	0.307	0.249	0.225
AR(1)	0.016	0.011	0.001	0.010
AR(2)	0.853	0.831	0.875	0.796

注：*、**、***分别表示在10%、5%、1%水平上显著；括号里为t统计量；Sargan检验和Arellano-Bond给出显著性概率p值。国家中心城市包括上海、北京、广州、天津、重庆、成都、武汉、郑州、西安。

由表4-5中核心解释变量的回归系数可知，就专业化集聚模式而言，总体上各组城市生产性服务业专业化集聚的回归系数均在1%的显著性水平上显著为正；而各层级城市多样化集聚模式的回归系数存在明显差异，表现为国家中心城市、副省级城市生产性服务业多样化集聚的回归系数高于其他省会城市，同时普通地级城市生产性服务业多样化集聚的回归系数不显著。上述结果说明，以提升城市绿色全要素生产率为导向的生产性服务业发展模式选择，不能忽视城市层级体系视角下的城市行政级别差异，制约城市产业发展模式的因素不能单纯着眼于城市人口规模的大小，还应综合考虑城市行政级别的差异。究其原因，不同于西方国家的城市大多通过市场经济不断扩张自发形成生产要素集聚，我国城市化进程中重要的生产要素，从资金、基础设施投资，到人力资本、先进技术及优惠政策都存在从中央到地方逐层分配的现象。区域经济系统中的网络效应使行政级别较高的城市更易于集聚高校、科研院所和龙头企业，吸引更多的高端人才与优质企业，从而激发城市集聚经济效应、优化城市创新创业环境、促进经济绿色高效发展；反过来，经济高效发展形成的反馈机制又会进一步吸引高端人才和高端产业集聚，在累积循环机制中推进城市经济高质量发展。

从控制变量的回归系数看，环境规制、信息基础设施水平、人力资本水平对城市绿色全要素生产率的影响显著为正，且与城市行政级别的高低正向相关。外商直接投资在高行政级别城市的回归系数显著为正，但在地级城市组的回归系数显著为负，即地级城市组的外商直接投资可能存在"污染避难所"效应。政府干预程度在高行政级别城市的回归系数显著为正，但在地级城市的回归系数不显著。从交互项的回归系数看，环境规制与生产性服务业专业化集聚的交互作用不显著，但与多样化集聚模式的交互项在省会城市、副省级城市和国家中心城市显著为正。这说明，在行政级别较高的城市，环境规制能够促进生产性服务业通过不同行业间的协同创新提高城市经济绩效与环境绩效，从而有利于城市绿色全要素生产率增长，同时生产性服务业多样化集聚也能为市场激励型的环境规制政策工具提供创新元素，促进环境规制的绿色全要素生产率增长效应。

（二）按不同类型生产性服务业分组的分析

为进一步分析行业差异情景下不同行政级别城市生产性服务业集聚效应的异质性，对高端生产性服务业和中低端生产性服务业的集聚效应分别进行计量模型回归。采用系统广义矩估计法，相关检验值显示模型不存在二阶自相关和过渡识别等偏误,分行业回归结果见表4-6。

表4-6 不同行政级别城市的异质性生产性服务业集聚回归结果

变量	高端生产性服务业				中低端生产性服务业			
	地级城市	省会城市	副省级城市	国家中心城市	地级城市	省会城市	副省级城市	国家中心城市
lnSP	0.0522**	0.1392***	0.1402***	0.1361***	0.1106***	0.0313	-0.0737*	-0.0752*
lnDV	-0.0803*	0.1408**	0.1674***	0.1812***	0.0482**	0.0426*	0.0183	-0.0286
lnWJ	0.0526**	0.0830***	0.0902***	0.0907***	0.0513**	0.0839***	0.0895***	0.0920***
ln$Road$	0.0313***	0.0205***	0.0061	0.0054	0.0317***	0.0210***	0.0042	0.0051
lnInf	0.0561***	0.0605***	0.0623***	0.0631***	0.0564***	0.0613***	0.0619***	0.0627***
lnHum	0.0383**	0.0859***	0.0894***	0.0910***	0.0371**	0.0867***	0.0909***	0.0921***
lnFDI	-0.0187***	0.0293*	0.0395**	0.0404***	-0.0194***	0.0285*	0.0406**	0.0401***
lnGov	0.0318	0.0647**	0.0751**	0.1059***	0.0302	0.0660**	0.0763**	0.1042***
ln$GTFP_{t-1}$	0.8491***	0.8908***	0.8936***	0.9007***	0.8510***	0.8916***	0.8922***	0.9015***
$Sargan$检验	0.291	0.326	0.253	0.262	0.287	0.296	0.252	0.233
$AR(1)$	0.005	0.011	0.008	0.017	0.004	0.012	0.009	0.013
$AR(2)$	0.859	0.847	0.870	0.815	0.883	0.839	0.862	0.806

注:*、**、***分别表示在10%、5%、1%水平上显著;$Sargan$检验和$Arellano\text{-}Bond$给出显著性概率p值。

从高端生产性服务业专业化集聚的回归系数看,副省级城市、国家中心城市及省会城市产业集聚指数的回归系数明显高于地级城市。从高端生产性服务业多样化集聚的回归系数看,国家中心城市明显领先且其多样化集聚效应强于专业化集聚效应,其次是副省级城市和省会城市,而普通地级城市高端生产性服务业多样化集聚的系数显著为负,说明高端生产性服务业集聚特别是多样化集聚模式的绿色全要素生产率增长效应与城市在城镇化体系中所处的级别存在一定的关系。从中低端生产性服务业集聚效应看,副省级城市和国家中心城市的专业化集聚回归系数在10%的显著性水平上显著为负,多样化集聚系数不显著;而地级城市相应的回归系数均显著为正。上述结果说明,地级城市应分阶段专注于中低端生产性服务业的专业化集聚和多样化集聚,并在此基础上探索合理的高端生产性服务业专业化发展模式;而行政级别较高的大城市则应该将中低端生产性服务业适度地向周边地级城市梯度转移,将更多的生产要素用于高端生产性服务业的多样化集聚发展,从而促进城市绿色全要素生产率增长。

第六节 本章小结

为探索以提升城市绿色全要素生产率为导向的生产性服务业集聚模式，本章以我国283个地级及以上城市为样本，从专业化集聚和多样化集聚两个维度，在阐述生产性服务业集聚影响城市绿色全要素生产率的理论机理的基础上，构建生产性服务业集聚与绿色全要素生产率的动态面板模型，运用系统广义矩估计法实证检验城市规模层级和城市行政级别视角下生产性服务业集聚对绿色全要素生产率的异质性影响。研究结果表明：生产性服务业集聚对绿色全要素生产率的影响随城市规模等级差异、城市行政级别差异、产业集聚模式差异和行业结构差异而表现出异质性。

从不同城市规模层级看，有三个结论。其一，在总体层面，Ⅰ型大城市、特大及超大城市生产性服务业的两种集聚模式均能促进绿色全要素生产率提升，不同的是，特大及超大城市的生产性服务业多样化集聚效应更强；而Ⅰ型大城市的生产性服务业专业化集聚效应较强；Ⅱ型大城市的生产性服务业专业化集聚有利于绿色全要素生产率增长；中小城市的生产性服务业专业化集聚能促进城市绿色全要素生产率提升，而多样化集聚效应显著为负。其二，在行业层面：①就高端生产性服务业而言，其在中小城市集聚不利于绿色全要素生产率提升；在Ⅱ型大城市，专业化集聚能促进绿色全要素生产率增长，但多样化集聚效应显著为负；在Ⅰ型大城市、超大及特大城市，两种集聚模式均能促进绿色全要素生产率提升，但在Ⅰ型大城市的专业化集聚效应强于多样化集聚效应，而在超大及特大城市多样化集聚效应更强。②就中低端生产性服务业而言，其在中小城市专业化集聚能够促进绿色全要素生产率增长；在Ⅱ型大城市，多样化集聚有利于绿色全要素生产率增长；而在Ⅰ型大城市、超大及特大城市，专业化集聚效应显著为负，多样化集聚效应不显著。其三，在Ⅰ型大城市、特大及超大城市环境规制与高端生产性服务业多样化集聚的交互效应有利于城市绿色全要素生产率增长。

从不同城市行政级别看，也有三个结论。其一，在总体层面，各组城市生产性服务业集聚效应的差异主要表现在多样化集聚模式上，国家中心城市、副省级城市生产性服务业多样化集聚的绿色全要素生产率增长效应高于其他省会城市，而普通地级城市的多样化集聚效应不显著。其二，在行业层面：①就高端生产性服务业而言，在省会城市、副省级城市和国家中心城市的专业化集聚效应高于地级城市；高端生产性服务业多样化集聚在国家中心城市的正向效应明显领先，其次是在其他副省级城市和省会城市，而在地级城市则存在负向效应。②就中低端生产性服务业而言，在地级城市的专业化和多样化集聚效应显著为正；而在副省级城市和国家中心城市的专业化集聚效应显著为负，多样化集聚效应不显著。其三，在行政级别较高的城市，环境规制与高端生产性服务业多样化集聚的交互作用有利于城市绿色全要素生产率增长。

基于上述研究结论，本章给出以下三点政策建议。

第一，中小城市要避免盲目追求产业多样化高端化发展而导致产城关系不匹配，应将中低端生产性服务业的专业化集聚放到更重要的位置，促进本地特色产业专业化发展。中小城市的产业集聚政策应以改善城市经济绩效与环境绩效为导向，选择与城市资源禀赋特征、区位优势、市场需求结构及制造业发展阶段相匹配的产业发展次序及模式，在加快制造业集聚和特色产业专业化发展的基础上，推进与本地制造业转型升级需求相匹配的生产性服务业专业化集聚，避免在生产性服务业发展过程中出现"小而全"的低水平重复建设，通过优化资源配置效率促进城市绿色全要素生产率提升。

第二，对于城市规模层级或行政级别较高的城市，应依托合理的产业集聚模式，加快高端生产性服务业集聚发展。具体而言，超大及特大城市或国家中心城市应以高端生产性服务业多样化集聚为抓手，促进绿色全要素生产率提升，在确保高端生产性服务业重点产业布局的同时，补齐短板，以适应城市制造业产业升级对生产性服务业提出的多元化和高端化的双重要求。Ⅰ型大城市应在提升高端生产性服务业专业化水准的同时，逐步拓展行业门类，推进专业化集聚模式向多样化集聚模式的平稳过渡。此外，Ⅰ型大城市、超大及特大城市还应将部分中低端生产性服务业适度向周边中小城市和Ⅱ型大城市梯度转移，优化城市资源配置结构；而Ⅱ型大城市则要在兼顾中低端生产性服务业多样化集聚的基础上，注重高端生产性服务业的专业化发展。同时，城市规模层级或行政级别较高的城市承载着区域核心城市的能级功能，应着力强化为周边非核心城市提供生产性服务外延的功能，加快形成不同层级城市间纵向分工协作的区域产业发展格局。

第三，要促进环境规制政策与高端生产性服务业多样化集聚的协调联动机制，发挥集聚经济对节能减排和效率提升的积极作用。一方面，在环境规制趋紧背景下加快知识产权保护体系建设，疏通制造业转型升级对高端生产性服务业行业间协同创新的倒逼机制，为高端生产性服务业人才、信息、知识和技术等创新要素的跨界融合开拓空间，激励绿色技术创新与管理制度创新；另一方面，依托高端生产性服务业多样化集聚的行业间知识溢出效应，通过"科技+金融""互联网+"等创新元素推进以碳金融市场为代表的绿色金融创新，助力碳排放交易、排污权交易等市场激励型环境规制政策工具的设计与完善，促进环境规制的绿色全要素生产率增长效应。

第五章 生产性服务业集聚对城市群经济高质量发展的影响

本章基于长江经济带三大城市群的城市面板数据，采用非期望产出-超效率 SBM 模型及 GML 指数测度绿色全要素生产率作为经济高质量发展的评价指标，从专业化集聚和多样化集聚两个维度，运用空间杜宾模型（spatial Dubin model，SDM）检验生产性服务业集聚对城市群经济高质量发展的影响，并识别产业集聚效应中的直接效应与间接效应。研究表明，长江经济带三大城市群生产性服务业集聚的本地直接效应与城际间接效应存在明显差异。其中，长江三角洲城市群生产性服务业专业化和多样化集聚不仅能促进本地经济高质量发展，还有利于城市群内邻近城市经济高质量发展；长江中游城市群生产性服务业的专业化集聚和多样化集聚能促进本地经济高质量发展，但专业化集聚的间接效应不显著，多样化集聚的间接效应为负；成渝城市群生产性服务业集聚的本地效应为正，专业化集聚间接效应为正，而多样化集聚间接效应不明显。最后，本章将为依托生产性服务业集聚促进城市群经济高质量发展提供政策建议。

第一节 问题的提出

长江经济带横跨我国 11 个省市，人口与地区生产总值均占全国 40% 以上，然而，其资源环境形势严峻、各地投入产出差异较大，提升绿色全要素生产率是长江经济带实现高质量发展的主要途径。《长江经济带发展规划纲要》提出"一轴、两翼、三极、多点"的空间格局，并明确指出要重点布局三大流域性城市群，依托长江三角洲、长江中游、成渝三大城市群的引领作用，为长江经济带经济高质量发展提供强有力支撑。城市群城市化发展模式的经济学本质是集聚经济效应，而生产性服务业作为我国当前产业结构转型升级的重要抓手，研究其不同集聚模式对长江经济带三大城市群经济高质量发展的影响，对促进长江经济带绿色高效发展具有重要的现实意义。

城市群的竞争力在于地理邻近的城市分工协作形成合力。关于地理邻近的城市间经济发展关系的研究，可追溯到缪尔达尔、赫希曼、弗里德曼等学者的"回波－扩散""极化－涓滴""核心－边缘"理论，这些理论提出大城市对周边小城市的影响会随经济发展阶段由"虹吸效应"逐渐转化为"扩散效应"；而新经济地理学提出的"集聚阴影"理论则认为，邻近核心城市的周边城市主要受到"虹吸效应"的负面影响。实证文献也得出了相应的结论，如孙斌栋和丁嵩（2016）对长江三角洲城市群的研究以及梅志雄等对珠江三角洲城市群的研究表明大城市能够推动周边城市经济增长，即存在"溢出效应"；而关于江苏省、武汉城市圈、中原城市群及多数京津冀的研究则发现核心城市对周边城市经济增长体现为"极化效应"（柯善咨等，2010；孙东琪等，2013；王涛等，2014；张学波，2016）；陈安平和帕德里奇（Chen and Partridge，2013）从城市等级分析中国城市间的相互作用，结果表明特大城市并未对县级市产生显著影响。鉴于城市群内集聚经济空间溢出效应的不确定性，本章对比长江经济带三大城市群生产性服务业集聚的绿色全要素生产率增长效应，为探讨城市群经济高质量发展的新路径提供依据。

区域绿色全要素生产率增长的研究主要涉及经济因素、资源因素、结构因素、对外开放因素、环境政策因素等，大多数现有文献使用省级层面数据，聚焦于外商直接投资、环境规制、能源结构、产业结构、研发投入等视角开展研究。具体而言，汪锋和解晋（2015）的研究显示，对教育事业和技术研发的资金支持、提高市场化水平和促进产业结构升级能够显著促进中国绿色全要素生产率增长，而外商直接投资则印证了"污染避难所"假说；李斌和祁源（2016）等利用2003—2013年的省级面板数据，使用动态GMM方法实证检验财政分权、外商直接投资及其交互项对绿色全要素生产率的影响，结果表明外商直接投资的作用显著为负，但与财政分权的交互作用显著促进绿色全要素生产率增长；张建升和谭伟（Zhang and Tan，2016）提出，环境管制强度、研发投入力度、互联网代表的信息化程度和财政支出水平对我国城市绿色全要素生产率增长具有显著促进作用，而外商直接投资和产业结构变化则对其影响为负；刘华军和李超（2018）等采用可行广义最小二乘法分析省际绿色全要素生产率的影响因素，认为产业结构合理化、市场化和城市化有利于绿色全要素生产率增长，而能源结构、要素禀赋结构对其影响为负，外商直接投资对其影响不显著，且东中西部地区存在异质性；郑强（2018）基于中国省际面板数据考察城镇化对绿色全要素生产率的影响，认为城镇化显著促进了绿色全要素生产率增长并存在明显的公共支出门槛；李敏杰和王健（2019）的研究认为，外商直接投资质量、研发投入、人力资本水平等因素有利于绿色全要素生产率增长，而产业结构和城镇化对绿色全要素生产率增长存在负向作用，环境规制的影响在统计上不显著。可见，鲜有文献从生产性服务业集聚的角度探究如何提升区域绿色全要素生产率，且多数文献忽视了解释变量对绿色全要素生产率影响的空间溢出效应。

基于上述分析，本章的边际贡献在于：其一，研究内容上，采用考虑了资源环境约束的绿色全要素生产率衡量经济高质量发展水平，直接探讨了城市群生产性服务业集聚对经济高质量发展的影响及其来源；其二，研究视角上，区分生产性服务业集聚的本地效应与城际效应，对比分析长江三角洲、长江中游、成渝三大城市群生产性服务业专业化集聚和多样化集聚对经济高质量发展的异质性作用是"虹吸效应"还是"扩散效应"，进而探索城市群经济高质量发展目标下的产业集聚模式选择；其三，研究方法上，为识别城市群生产性服务业集聚在城市间的空间溢出效应，运用空间杜宾模型、空间回归模型偏微分方法，实证检验生产性服务业集聚影响城市群经济高质量发展的本地直接效应与城际间接效应，克服了传统计量方法掩盖城市间地理空间交互作用的弊端。

第二节　变量设定与数据来源

根据研究目的，本章重点关注生产性服务业专业化集聚和多样化集聚对经济高质量发展的空间溢出效应。由于相关文献已表明区域绿色全要素生产率还受到环境规则、城市基础设施水平、人力资本水平、外资参与度和政府干预程度等因素的影响，因此将这些变量作为控制变量引入空间计量模型，详细的变量设置与计算方法见表5-1。

表 5-1 变量设置与计算方法

	变量		计算方法
被解释变量	经济高质量发展指标	GTFP	基于非期望产出-超效率 SBM 模型和 GML 指数法测算的城市绿色全要素生产率指数
核心解释变量	生产性服务业专业化集聚	SP	生产性服务业各行业相对专业化集聚指数
	生产性服务业多样化集聚	DV	生产性服务业各行业相对多样化集聚指数
控制变量	信息基础设施水平	Inf	每万人接入互联网数
	交通基础设施水平	Road	城市人均道路面积（平方米）
	人力资本水平	Hum	每万人中高等学校在校生人数（人）
	外资参与度	FDI	城市实际使用外资金额占 GDP 的比重
	政府干预程度	Gov	财政支出占财政收入的比重
	环境规制	WJ	城市工业二氧化硫的去除率

一、变量设定

（一）被解释变量

高质量发展是能更好地满足人民日益增长的美好生活需求的经济发展方式、结构和动力状态（金培，2018）。高质量发展涉及经济、环境和社会等诸多方面，但多数学者都认同实现经济高质量发展的关键在于提高全要素生产率，现有文献中普遍使用全要素生产率衡量经济高质量发展水平（张月友 等，2018；马茹 等，2019；刘思明 等，2019）。鉴于绿色全要素生产率（GTFP）是对传统全要素生产率（TFP）的修正，是考虑了"能源消耗"和"环境污染"的全要素生产率，科学地融合了创新驱动与绿色发展的理念，因此本章采用绿色全要素生产率作为经济高质量发展的衡量指标，具体测算方法如下。

结合非期望产出 SBM 模型和超效率 SBM 模型，构建非期望产出-超效率 SBM 模型（Li and Shi，2014），采用全局参比的 GML 指数测算城市绿色全要素生产率。使用 MaxDEA7 Ultra 软件进行绿色效率分析，需要计算出各个城市历年的生产投入指标、期望产出指标和非期望产出指标。

（1）生产投入指标。生产投入指标包含劳动力投入、资本投入和能源投入，分别使用城镇从业人员加总数、固定资产资本存量、全市全年用电量进行衡量。其中，固定资产资本存量采用永续存盘法估计，计算式为：

$$K_{it} = (1-\delta)K_{i,t-1} + I_{it} \quad (5-1)$$

式中，i 和 t 分别表示地区和年份，K、I 分别表示资本存量和新增社会固定资产投资，δ 表示固定资产折旧率。

投资指标选择城市全社会固定资产投资总额，用城市所在省份历年固定资产投资价格指数进行平减处理。采用单豪杰（2008）的算法，将折旧率设定为 10.96%。基期资本存量的计算参考 Hall 和 Jones（1999）的做法，用实际固定资本形成总额的年均增长率和折旧率之和计算，计算式为：

$$K_0 = \frac{I_0}{g_i + \delta} \quad (5-2)$$

式中，g_i 为一段时间内实际投资的几何平均增长率。

（2）期望产出指标。期望产出指标由城市实际 GDP 表示，以 2003 年为基期，根据各城市所在省份的历年 GDP 指数算得 GDP 平减指数，进而对各个城市历年名义 GDP 进行平减，消除价格因素的影响。

（3）非期望产出指标。非期望产出指标参考涂正革等（2008）对省级层面的相关研究，以城市工业二氧化硫排放量、工业废水排放量和工业烟尘排放量三项作为非期望产出。

（二）核心解释变量

本研究的核心解释变量是生产性服务业集聚。根据集聚模式的不同，生产性服务业集聚分为专业化集聚和多样化集聚。为克服规模因素的影响，采用相对专业化集聚指数（SP）和相对多样化集聚指数（DV）测度生产性服务业集聚水平。

相对专业化集聚指数（SP）为：

$$SP_i = \max_j \frac{S_{ij}}{S_j} \quad (5-3)$$

相对多样化集聚指数（DV）为：

$$DV_i = \frac{1}{\sum_j |S_{ij} - S_j|} \quad (5-4)$$

式中，定义 S_{ij} 是生产性服务业行业 j 在城市 i 的总单位从业人员数中的就业份额，S_j 是生产性服务业 j 在全国城市总单位从业人员数中的就业份额。参考席强敏等（2015）的研究，将中间需求率大于 60% 的服务业细分行业界定为生产性服务业，根据我国城市分行业就业统计口径，把"交通运输、仓储和邮政业""信息传输、计算机服务和软件业""批发零售业""金融业""租赁和商务服务业""科学研究、技术服务和地质勘查业"六个行业界定为生产性服务业。

（三）控制变量

交通基础设施水平（Road）。城市的交通基础设施水平是城市群实现区域经济一体化的先决条件，良好的交通基础设施状况有利于一个城市获得邻近城市经济发展扩散效应的红利，本章研究以城市人均道路面积衡量交通基础设施水平。

信息基础设施水平（Inf）。使用每万人接入互联网数来反映城市信息基础设施水平。

人力资本水平（Hum）。依据内生经济增长理论，人力资本的积累是影响城市绿色全要素生产率的重要因素。不同于其他生产要素，人力资本具有自由流动特征，是形成知识技术外溢效应的重要一环，理论上具有一定的空间溢出效应。本研究使用每万人中高等学校在校生人数衡量城市人力资本水平。

外资参与度（FDI）。外资的流入不仅可以增加当地资本存量，还能促进当地先进技术的应用与管理水平的提高，通过技术关联和知识溢出影响城市经济发展质量。本章研究以年度实际使用外资金额占 GDP 的比重来反映一个城市的外商直接投资水平，并将外资金额按历年人民币汇率的平均价格进行折算。

政府干预程度（Gov）。本研究采用财政支出在财政收入中的占比来表示地方政府对城市经济的介入程度。

环境规制（WJ）。作为制度性因素，环境规制是对本地环境质量和污染排放水平的管制，而环境规制在城市群内也可能存在政府策略互动效应，因此有必要考虑环境规制的空间溢出效应。由于样本期间城市环境污染治理投资总额数据缺失严重，本研究从环境治理能力的角度用各城市工业二氧化硫去除率衡量环境规制水平，其中工业二氧化硫去除率等于二氧化硫去除量比二氧化硫去除量与排放量之和。

二、样本选取与数据来源

本研究选取的研究样本是长江经济带三大城市群71个城市的面板数据，三大城市群分别包括以下城市。

长江三角洲城市群，包含26个城市：上海、南京、无锡、常州、苏州、南通、盐城、扬州、镇江、泰州、杭州、宁波、嘉兴、湖州、绍兴、金华、舟山、台州、合肥、芜湖、马鞍山、铜陵、安庆、滁州、池州、宣城。

长江中游城市群，包括29个城市：武汉、黄石、鄂州、黄冈、孝感、咸宁、仙桃、潜江、天门、襄阳、宜昌、荆州、荆门、长沙、株洲、湘潭、岳阳、益阳、常德、衡阳、娄底、南昌、九江、景德镇、鹰潭、新余、宜春、萍乡、上饶。

成渝城市群，包含16个城市：重庆、成都、自贡、泸州、德阳、绵阳、遂宁、内江、乐山、南充、眉山、宜宾、广安、达州、雅安、资阳。

由于2003年以前大多数城市的相关数据缺失严重，本研究的原始数据主要来源于2004—2017年的中国城市统计年鉴和中国统计年鉴，个别缺失数据采用插值法填充。为缓解异方差和多重共线性问题，对本研究中的相关变量进行对数化处理。

第三节 空间计量模型的构建

构建空间计量模型实证检验生产性服务业集聚对城市群经济高质量发展的影响，涉及空间权重矩阵设置、空间相关性检验、空间面板计量模型设定与自变量空间溢出效应分解。

一、空间权重矩阵的设置

以地理距离为依托，城市群是地理位置邻近的不同类型城市形成的空间组织结构。由于地理距离产生的通勤成本、运输成本等交易成本的大小，直接影响城市间的经济关联，因此本研究选择地理距离权重作为空间计量模型的权重矩阵 w。根据地理学第一定律，距离较近的事物往往比距离较远的事物联系更为密切，邻近地区的相互影响关系不断演化，既可能存在空间异质性，也可能存在空间相关性。城市生产性服务业的生产交易涉及隐性知识和密集复杂的契约安排，隐性知识的传播随地理距离增加而急剧衰减，较短的地理距离有利于建立信任关系，降低信息不对称性，增加非标准化信息的获取（Keller，2002）。如式（5-5）所示，本研究使用指数距离衰减函数构造空间权重矩阵 w，其中 d 为城市之间球面距离。

$$w_{ij} = \begin{cases} e^{-\alpha d_{ij}}, & i \neq j \\ 0, & i = j \end{cases} \quad (5-5)$$

式中，i 和 j 分别表示两个城市，即城市 i、城市 j。

二、Moran's I 指数

采用全局 Moran's I 指数分别检验长江经济带的长江三角洲、长江中游、成渝三大城市群内城市绿色全要素生产率指数的全局空间相关性，如式（5-6）所示。Moran's I 指数的取值范围介于 -1 到 1 之间，其绝对值的大小可以说明全局空间相关程度的大小，绝对值越大，则城市间经济高质量发展水平的空间相关程度越强。若 Moran's I 指数大于 0 且越接近 1，表明城市群内城市经济高质量发展的正向相关性程度越高；若该指数为负且越靠近 -1，则说明负相关程度越高。

$$\begin{aligned} I &= \frac{n \sum_{i=1}^{n} \sum_{j=1}^{n} w_{ij}(y_i - \bar{y})(y_j - \bar{y})}{\sum_{i=1}^{n} \sum_{j=1}^{n} w_{ij} \sum_{i=1}^{n} (y_i - \bar{y})^2} \\ &= \frac{\sum_{i=1}^{n} \sum_{j=1}^{n} w_{ij}(y_i - \bar{y})(y_j - \bar{y})}{s^2 \sum_{i=1}^{n} \sum_{j=1}^{n} w_{ij}} \end{aligned} \quad (5-6)$$

式中，$\bar{y}$、s^2 分别表示 GTFP 指数的均值与方差，n 为各城市群内城市个数，w_{ij} 为上文设置的空间权重矩阵中的元素，y_i 为第 i 个城市的绿色全要素生产率指数。

三、空间面板计量模型的设定

为确保计量检验结果的稳健性，根据空间相关性来源的不同，在空间地理权重矩阵下首先使用空间滞后模型（spatial lag model）[也称为"空间自回归模型"(spatial autoregressive model,SAR)]、空间误差模型(spatial error model,SEM)与空间杜宾模型(spatial Dubin model,SDM)三种空间计量模型进行回归分析,然后对比选择最合适的计量模型。一般而言,对数似然(log likelihood)与 R^2 值越大,模型的拟合优度越高。如果拉格朗日乘数检验(LM 检验)拒绝 OLS 模型,就从 SDM 模型出发来检验模型是否能简化为 SAR 或 SEM;如果空间误差和空间滞后效应同时存在,则应使用空间杜宾模型(Elhorst,2010),构建如式(5-7)所示的 SDM 模型:

$$\ln GTFP_{it} = \alpha + \rho \sum_{j=1}^{n} w_{ij} GTFP_{jt} + \beta X_{it} + \theta \sum_{j=1}^{n} w_{ij} X_{it} + \mu_i + \lambda_t + \varepsilon_{it},$$

$$\varepsilon_{it} = \phi \sum_{j=1}^{n} w_{ij} \varepsilon_{jt} + \epsilon_{it} \quad (5-7)$$

式中,i 和 t 分别表示城市和年份,j 表示同一城市群中的其他城市;$GTFP_{it}$ 代表经济高质量发展水平,β 为系数矩阵,X_{it} 为解释变量向量,w_{ij} 为空间权重矩阵元素,μ_i 和 λ_t 表示地区和时间非观察效应,ε_{it} 和 ϵ_{it} 表示随机扰动项。$\rho \sum_{j=1}^{n} w_{ij} GTFP_{jt}$ 为空间滞后项,表示城市 j 的被解释变量 $GTFP$ 对城市 i 的被解释变量 $GTFP$ 的影响,ρ 和 ϕ 分别表示被解释变量的空间依赖程度和误差项的空间依赖程度。同理,θ 为解释变量 X_{it} 的空间滞后项系数。

一方面,$GTFP$ 是技术进步和知识积累的体现,可能存在空间溢出效应;另一方面,受城市规模层级等因素制约,城市自身制造业发展对生产性服务业的需求可能通过邻近城市来提供,那么城市自身提供的生产性服务业也可能惠及周围城市。

四、自变量空间溢出效应分解

当空间滞后项系数在回归结果中显著异于零,则解释变量的回归系数不能代表解释变量对被解释变量的边际影响,进而不能解释自变量对因变量的空间溢出效应。针对这一问题,LeSage 和 Pace(2009)提出了空间回归模型偏微分方法,如式(5-8)至式(5-14)所示,将自变量的空间溢出效应分解为直接效应和间接效应。

$$y = \alpha l_n + \rho W y + \beta X + \theta W X + \varepsilon \quad (5-8)$$

$$(I_n - \rho W) y = \alpha l_n + \beta X + \theta W X + \varepsilon \quad (5-9)$$

$$y = \sum_{r=1}^{k} S_r(W) x_r + V(W) l_n \alpha + V(W) \varepsilon \quad (5-10)$$

$$\begin{Bmatrix} y_1 \\ y_2 \\ \vdots \\ y_n \end{Bmatrix} = \sum_{r=1}^{k} \begin{Bmatrix} S_r(\boldsymbol{w})_{11} & S_r(\boldsymbol{w})_{12} & \cdots & S_r(\boldsymbol{w})_{1n} \\ S_r(\boldsymbol{w})_{21} & S_r(\boldsymbol{w})_{22} & \cdots & S_r(\boldsymbol{w})_{2n} \\ \vdots & \vdots & \ddots & \vdots \\ S_r(\boldsymbol{w})_{n1} & S_r(\boldsymbol{w})_{n2} & \cdots & S_r(\boldsymbol{w})_{nn} \end{Bmatrix} \begin{Bmatrix} x_{1r} \\ x_{2r} \\ \vdots \\ x_{nr} \end{Bmatrix} + V(\boldsymbol{W}) l_n \alpha + V(\boldsymbol{W}) \boldsymbol{\varepsilon}$$

(5 – 11)

$$y_i = \sum_{r=1}^{k} [S_r(W)_{i1} x_{1r} + S_r(W)_{i2} x_{2r} + \cdots + S_r(W)_{in} x_{nr}] + V(\boldsymbol{W}) l_n \alpha + V(\boldsymbol{W})_i \boldsymbol{\varepsilon}$$

(5 – 12)

$$\frac{\partial y_i}{\partial x_{jr}} = S_r(W)_{ij} \quad (5-13)$$

$$\frac{\partial y_i}{\partial x_{ir}} = S_r(W)_{ii} \quad (5-14)$$

式中，$S_r(\boldsymbol{W}) = V(\boldsymbol{W})(\boldsymbol{I}_n \beta_r + \boldsymbol{W}\theta_r)$，$V(\boldsymbol{W}) = (\boldsymbol{I}_n - \rho\boldsymbol{W})^{-1} = \boldsymbol{I}_n + \rho\boldsymbol{W} + \rho^2\boldsymbol{W}^2 + \cdots$；$\boldsymbol{I}_n$ 是 n 阶单位矩阵，l_n 为 $N \times 1$ 阶单位向量；x_r 是解释变量；$r = 1, 2, \ldots, k$；β_r 是解释变量的回归系数；θ_r 是 WX 的回归系数。$S_r(\boldsymbol{W})_{ii}$ 表示直接效应，是城市 i 的 x_r 对本市因变量的作用；$S_r(\boldsymbol{W})_{ij}$ 表示间接效应，是城市 j 的 x_r 对城市 i 被解释变量的作用，本地直接效应和城际间接效应二者相加为总效应。总效应是指解释变量对所有地区的平均影响，直接效应表示解释变量对本地经济高质量发展的影响，而间接效应则代表城市群内邻近城市自变量对本地经济高质量发展的影响，因此间接效应是解释变量对被解释变量的城市间溢出效应。

第四节　实证结果与讨论

一、长江经济带三大城市群绿色全要素生产率指数核算结果分析

使用 MaxDEA7 Ultra 软件测度长江经济带三大城市群 71 个城市的绿色全要素生产率指数，表 5 – 2 汇总了这三大城市群绿色全要素生产率指数的年度均值。测算结果表明：①从城市群 *GTFP* 指数的历年几何均值看，改善幅

度最大的是长江三角洲城市群,长江中游城市群的 GTFP 指数几何均值相对最小。就城市群内部而言,长江三角洲城市群内城市的 GTFP 指数较为均衡,而长江中游和成渝城市群则存在核心城市 GTFP 指数明显领先周边城市的现象。②从时间趋势看,长江经济带三大城市群的 GTFP 指数基本经历了从 2006 年至 2008 年上升,2008 年至 2011 年下降,到 2012 年震荡下降至 2013 年后再度上升的变化趋势。究其原因,一方面,2006 年是中国经济绿色转型元年,尤其是长江中游的武汉城市圈和湖南长株潭在此期间被国家确定为"两型社会"综合配套改革试验区;另一方面,2008 年的国际金融危机和 2009 年我国出台的以稳增长为目标的四万亿经济刺激计划对区域经济发展质量带来了下行波动压力。

表 5-2 长江经济带三大城市群绿色全要素生产率指数

城市群	2004	2005	2006	2007	2008	2009	2010	2011	2012	2013	2014	2015	2016	几何均值
长江三角洲	1.025	0.979	1.069	1.057	1.040	1.063	1.045	1.014	1.061	0.997	1.011	1.046	1.125	1.040
长江中游	0.963	0.942	0.996	1.049	1.105	1.050	1.024	1.018	1.081	1.001	1.021	1.036	1.126	1.031
成渝	1.006	0.926	1.042	1.051	1.075	1.053	1.040	1.055	1.086	0.993	1.062	1.020	1.033	1.033

二、空间相关性检验

空间相关性检验是判断采用传统面板模型还是空间计量模型的重要标准。表 5-3 分别展示了长江三角洲城市群、长江中游城市群和成渝城市群的绿色全要素生产率空间相关性检验结果。由表 5-3 的数据可知:①三大城市群基于地理权重的 Moran's I 指数至少在 10% 的显著性水平下显著为正,表明城市群内城市的 GTFP 存在空间正向相关性。总体来看,长江三角洲城市群的 Moran's I 指数最大,成渝城市群次之,长江中游城市群最小。②从各城市群的 Moran's I 指数时序变化趋势看,长江三角洲城市群和成渝城市群 Moran's I 指数在波动中呈现逐年递增趋势,表明空间依赖性在逐渐增强,而长江中游城市群城市 GTFP 的 Moran's I 指数在 2004—2016 年间存在先增大后减小的态势,表明长江中游城市群内城市的 GTFP 指数差距存在扩大趋势。

表 5-3 长江经济带三大城市群绿色全要素生产率 Moran's I 指数

城市群	2004	2005	2006	2007	2008	2009	2010
长江三角洲城市群	0.156***	0.152***	0.167**	0.163**	0.169**	0.162***	0.168**
长江中游城市群	0.063*	0.061**	0.074**	0.086**	0.083**	0.092**	0.099**
成渝城市群	0.121**	0.102**	0.114**	0.125**	0.128**	0.133**	0.138**
城市群	2011	2012	2013	2014	2015	2016	—
长江三角洲城市群	0.172**	0.176**	0.181**	0.185**	0.183**	0.189**	—
长江中游城市群	0.121**	0.115**	0.107**	0.103*	0.099**	0.094**	—
成渝城市群	0.147*	0.141***	0.146**	0.153*	0.158***	0.162***	—

注：*、**、*** 分别表示在 10%、5%、1% 水平上显著。

三、空间计量模型的选择与估计

长江经济带三大城市群生产性服务业不同集聚模式对经济高质量发展的影响，采用 SEM、SAR、SDM 三种空间面板模型的估计结果见表 5-4。综合 log likelihood 值、修正的 R^2、LR 和 Wald 等指标，就 log likelihood 值和 R^2 值的大小而言，回归结果均显示 SDM 模型的数值最大，表明相较于 SAR 模型和 SEM 模型，SDM 模型更优，故选择 SDM 模型作为本章研究的计量模型，且在 Hausman 检验后选择相应的固定效应模型。表 5-4 的估计结果显示，三大城市群的 ρ 或 ϕ 的估计值在 1% 的显著性水平显著为正，表明城市 GTFP 指数存在空间外部性，城市群内一个城市的经济发展质量会受到空间邻近的其他城市经济发展质量的影响。同时，城市群中的这种空间溢出效应不仅反映在因变量上，还反映在核心解释变量与控制变量对因变量的影响上。由 SEM、SAR、SDM 三种空间计量模型的初步估计结果可知，城市群内城市经济高质量发展水平不仅会受到本地生产性服务业集聚模式的影响，还会受到城市群内其他城市生产性服务业集聚的空间外溢作用。

四、生产性服务业集聚的空间溢出效应分解

由于在上述包含全局效应设定的 SDM 模型中，自变量的参数估计值没有直接反应解释变量对被解释变量的全部影响，因此表 5-4 中解释变量的回归系数不能用于解释各个解释变量对经济高质量发展的边际影响。为此，

依据 LeSage 和 Pace（2009）的方法，进一步使用空间回归模型偏微分方法将各解释变量的空间溢出效应分解为直接效应和间接效应。表 5-5 展示了长江经济带三大城市群生产性服务业专业化集聚和多样化集聚影响经济高质量发展的总效应、直接效应与间接效应。

表 5-4 SME、SAR、SDM 三种空间计量模型的估计结果

统计量及系数	长江三角洲城市群 SEM	长江三角洲城市群 SAR	长江三角洲城市群 SDM	长江中游城市群 SEM	长江中游城市群 SAR	长江中游城市群 SDM	成渝城市群 SEM	成渝城市群 SAR	成渝城市群 SDM
lnSP	0.0887**	0.0892**	0.0942***	0.0826**	0.0814*	0.0927**	0.0805***	0.0695**	0.0912***
lnDV	0.0895*	0.0906**	0.0961***	0.0891*	0.0787*	0.0884**	0.0817**	0.0715**	0.0891***
lnHum	0.0815**	0.0772**	0.0625**	0.0783***	0.0695***	0.0658**	0.0619**	0.0643***	0.0551**
lnFdi	0.0485*	0.0507*	0.0413*	-0.0175*	0.0093	-0.0251*	0.0315*	0.0332*	0.0287*
lnInf	0.0347**	0.0339**	0.0323**	0.0497**	0.0471**	0.0485**	0.0413**	0.0407***	0.0385**
ln$Road$	0.0214**	0.0196**	0.0107*	0.0272**	0.0314*	0.0182**	0.0276**	0.0315*	0.0127*
lnGov	0.1098***	0.1126**	0.1282***	0.0917	0.0886	0.1437**	0.0896**	0.0914*	0.1712**
lnWJ	0.0762**	0.0821**	0.0806***	0.0803***	0.0821***	0.0793***	0.0698***	0.0747***	0.0786***
$W\cdot$lnSP	—	—	0.1095***	—	—	0.0130	—	—	0.1027***
$W\cdot$lnDV	—	—	0.1283**	—	—	-0.0122**	—	—	0.0112
$W\cdot$lnHum	—	—	0.0247**	—	—	0.0068	—	—	0.0095
$W\cdot$lnFDI	—	—	0.0009	—	—	0.0032	—	—	0.0009
$W\cdot$lnInf	—	—	0.0307***	—	—	0.0327***	—	—	0.0392***
$W\cdot$ln$Road$	—	—	0.0139*	—	—	0.0164*	—	—	0.0128**
$W\cdot$lnGov	—	—	-0.1592*	—	—	-0.3016**	—	—	-0.3094**
$W\cdot$lnWJ	—	—	0.0026*	—	—	-0.0081**	—	—	-0.0028*
ρ 或 ϕ	0.5201***	0.4985***	0.5071***	0.4825***	0.4503***	0.4216***	0.4805***	0.4687***	0.4695***
	(3.906)	(3.618)	(3.985)	(3.904)	(3.873)	(3.794)	(3.842)	(3.750)	(3.792)
LR	67.362***	69.781***	71.573***	61.749***	60.805***	62.389***	63.593***	64.694***	66.013***
L-Likelihood	1286.167	1479.583	1801.095	1240.848	1457.462	1782.957	1227.135	1474.536	1694.478
R^2	0.738	0.723	0.782	0.712	0.695	0.726	0.704	0.752	0.773

注：*、**、***分别表示在10%、5%、1%水平上显著，括号内为 t 统计量。

表 5-5 长江经济带三大城市群 SDM 模型的直接效应、间接效应和总效应

变量	长江三角洲城市群			长江中游城市群			成渝城市群		
	直接效应	间接效应	总效应	直接效应	间接效应	总效应	直接效应	间接效应	总效应
lnSP	0.0913*** (4.06)	0.1262*** (4.35)	0.2175*** (4.87)	0.1052*** (4.24)	0.0130 (1.53)	0.1182** (2.29)	0.0945*** (4.11)	0.1136*** (4.31)	0.2081*** (4.75)
lnDV	0.0982*** (4.12)	0.1307*** (4.42)	0.2289*** (4.91)	0.0904*** (3.92)	-0.0129** (-2.23)	0.0775*** (3.58)	0.0910*** (4.05)	0.0104 (1.51)	0.1017** (2.53)
lnHum	0.0612*** (3.83)	0.0204** (2.05)	0.0816*** (4.16)	0.0575*** (3.59)	0.0068 (0.83)	0.0643*** (3.89)	0.0551*** (3.56)	0.0105 (1.37)	0.0656*** (3.87)
lnFDI	0.0451*** (6.67)	0.0013 (1.29)	0.0464*** (6.97)	-0.0104*** (-3.67)	0.0032 (1.04)	-0.0072 (-1.26)	0.0287*** (4.73)	0.0012 (1.36)	0.0228*** (5.65)
lnInf	0.0321*** (4.02)	0.0318*** (3.92)	0.0639*** (4.87)	0.0409*** (4.35)	0.0327*** (4.03)	0.0736*** (4.98)	0.0385*** (4.22)	0.0309*** (3.86)	0.0694*** (4.93)
lnRoad	0.0135*** (2.65)	0.0151* (1.72)	0.0286*** (3.08)	0.0157*** (2.91)	0.0164*** (2.59)	0.0320*** (3.23)	0.0127** (2.53)	0.0156** (2.53)	0.0383*** (3.41)
lnGov	0.1602*** (5.07)	-0.1709* (-1.80)	-0.0107** (-2.52)	0.1513*** (4.97)	-0.3016** (-2.48)	-0.1503*** (-4.42)	0.1712*** (5.54)	-0.3120** (-2.33)	-0.1408** (-2.07)
lnWJ	0.0815*** (3.68)	0.0012* (2.05)	0.0827*** (3.75)	0.0823*** (4.01)	-0.0081** (-2.14)	0.0742*** (3.52)	0.0786*** (3.61)	-0.0031* (-1.79)	0.0755*** (3.23)

注：*、**、***分别表示在10%、5%、1%水平上显著；括号内为 t 统计量。

第五章　生产性服务业集聚对城市群经济高质量发展的影响

从长江三角洲城市群的回归结果看,生产性服务业专业化集聚和多样化集聚的回归系数均显著为正,其中多样化集聚间接效应的回归系数最大。这说明长江三角洲城市群生产性服务业集聚能通过本地效应与城际效应促进城市群经济高质量发展,即生产性服务业集聚不仅能促进本地经济高质量发展,还有利于城市群内邻近城市经济高质量发展。就产业集聚模式而言,无论是在直接效应还是间接效应中,长江三角洲城市群生产性服务业的多样化集聚模式都比专业化集聚模式更有利于经济高质量发展。可能的原因是,多样化集聚模式更有利于互补的知识、技能和技术等异质性资源在城市群网络的不同行业间溢出,有利于在生产性服务业产业链中形成产业创新发展的良好生态,从而促进经济高质量发展。就产业集聚效应的来源而言,生产性服务业集聚的间接效应均大于直接效应,长江三角洲城市群经济高质量发展更多地得益于生产性服务业集聚在城市间的"扩散效应",这意味着生产性服务业集聚在城市群内形成了产业良性互动的有效机制。长江三角洲城市群最早提出"三级运作、统分结合"的区域合作机制,不仅是城市间经济层面上的制度合作,而且是社会、人口、资源与环境系统层面的制度合作。

从长江中游城市群的回归结果看,在直接效应中两种集聚模式的回归系数都显著为正,其中专业化集聚的直接效应更大。这说明生产性服务业专业化集聚和多样化集聚对本地经济高质量发展具有明显促进作用,且更多地依赖于生产性服务业专业化集聚模式。然而,就间接效应而言,其专业化集聚的系数不显著,多样化集聚的系数显著为负,说明长江中游城市群生产性服务业多样化集聚不利于周边城市经济高质量发展,即存在"虹吸效应"。其可能的原因是,长江中游城市群的城际合作仍然停留在"布局合作"阶段,区域布局规划的调整是生产关系的调整,然而城市间的产业发展关系更多地表现为竞争关系,产业同质化布局的问题依然存在,距离城市群区域经济一体化的发展目标还有较大差距。就总效应而言,长江中游城市群生产性服务业集聚总效应明显低于长江三角洲城市群,主要原因在于产业集聚的正向空间溢出渠道受阻。这说明提升长江中游城市群生产性服务业集聚效应的关键在于加强城市群产业协同发展,摒弃各自为战的发展思路,以全局思维加快城市合作由"布局合作"向"要素合作"和"制度合作"阶段过渡,打通生产性服务业集聚的城际间接效应溢出通道,加快实现真正意义上的城市群产业一体化发展。

从成渝城市群的回归结果看,生产性服务业专业化集聚直接效应和间接效应的回归系数均显著为正,且间接效应大于直接效应;多样化集聚直接效应的回归系数显著为正,而间接效应不显著。一方面,成渝城市群生产性服务业专业化集聚不仅能促进本地经济高质量发展,还惠及城市群内邻近城市经济高质量发展,专业化集聚模式通过规模经济、劳动力蓄水池和行业内知识溢出等作用机制促进城市群经济高质量发展;另一方面,成渝城市群生产性服务业多样化集聚仅存在促进经济高质量发展的本地效应,城际溢出效应尚未显现。其可能的原因是,多样化集聚效应的作用渠道主要是通过知识在不同行业间溢出产生的,与生产性服务业不同行业间的融合发展密切相关,产业融合发展的多样化支撑平台和产业异地合作的制度体系越完善,越有利于形成城市群创新网络,周围城市对其生产性服务的需求就越高,多样化集聚的城际空间溢出效应才能有效发挥。成渝城市群的城际合作主要表现为生产要素层面上的区域合作,应加快区域合作模式由要素合作阶段向制度合作阶段迈进,在制度层面上完善生产性服务业多样化跨区域发展的平台建设。

控制变量的六个估计结果如下。

第一,人力资本水平对长江经济带三大城市群经济高质量发展的直接效应均显著为正,而间接效应仅在长江三角洲城市群显著为正,说明人力资本储备在城市群经济高质量发展中具有重要作用。相较于长江三角洲城市群,长江中游城市群和成渝城市群人力资本的城际溢出效应尚不显著,人才流动与人才引进的体制机制建设有待加强。

第二,外资参与度在长江三角洲和成渝城市群对经济高质量发展的直接效应显著为正,间接效应不显著。在长江中游城市群,外资参与度影响经济高质量发展的直接效应显著为负,可能存在 FDI 的"污染避难所"效应。

第三,信息基础设施水平对长江经济带三大城市群经济高质量发展的直接效应、间接效应和总效应均显著为正。这说明信息化建设作为现代服务业升级和传统制造业转型的基础设施,有利于推动生产性服务业通过信息技术实现跨城市的知识技术传播与快速交易来提升城市群经济发展质量。

第四,交通基础设施作为城市群体系建设的基石,其直接效应和间接效应的回归系数均显著为正,但小于信息基础设施的边际效应。

第五,政府干预程度对经济高质量发展的直接效应显著为正,但间接效应和总效应显著为负。这可能的原因是,地方保护主义使不同城市在产业政策制定、节能减排标准与环境污染共同防治等方面难以形成共识,地方政府之间可能存在生产要素竞争、环境倾销等以邻为壑的利己策略。

第六，环境规制对长江经济带三大城市群经济高质量发展的直接效应和总效应显著为正，但间接效应在长江中游城市群和成渝城市群显著为负。这说明较强的环境规制水平能有效促进本地经济高质量发展，但长江中游城市群和成渝城市群的城市环境规制不利于邻近城市经济高质量发展。这可能的原因是，城市群生态环保层面的制度合作不足，城市间的环境规制水平势差，促使污染企业在城市群内梯度转移。

第五节 本章小结

本章以长江经济带三大城市群为例，利用空间杜宾模型（SDM）和空间回归模型偏微分方法，从专业化集聚和多样化集聚两个维度，考察城市群内生产性服务业集聚影响经济高质量发展的"本地"直接效应与"城际"间接效应，为如何依托生产性服务业集聚促进城市群经济高质量发展提供经验依据。研究结果表明：生产性服务业集聚能够促进长江经济带三大城市群经济高质量发展，但三大城市群产业集聚效应的来源存在明显差异。

（1）长江三角洲城市群生产性服务业的专业化集聚和多样化集聚对经济高质量发展的直接效应与间接效应均显著为正，其中多样化集聚的城际效应是长江三角洲城市群生产性服务业集聚效应的重要来源。换言之，长江三角洲城市群生产性服务业集聚特别是多样化集聚不仅能促进本地经济高质量发展，还有利于城市群内邻近城市经济高质量发展，生产性服务业集聚在长江三角洲城市群内存在明显的"扩散效应"。

（2）长江中游城市群生产性服务业专业化集聚和多样化集聚的直接效应为正，但专业化集聚的间接效应不显著，多样化集聚的间接效应显著为负。这意味着，本地效应是生产性服务业集聚促进长江中游城市群经济高质量发展的原因，长江中游城市群城市生产性服务业集聚仅有利于本地经济高质量发展，且对城市群内其他城市的经济发展产生了"虹吸效应"。

（3）成渝城市群生产性服务业专业化集聚的直接效应与间接效应均为正，多样化集聚的直接效应为正，而其间接效应尚不明显。换言之，成渝城市群生产性服务业专业化集聚不仅能促进本地经济高质量发展，还惠及城市群内邻近城市经济高质量发展，但生产性服务业多样化集聚的城际溢出效应尚未显现。

（4）控制变量估计结果显示，城市群内城市经济高质量发展不仅与本地的人力资本水平、外资参与度、信息基础设施水平、环境规制强度、政府干预程度和交通基础设施水平有关，还与城市群内其他邻近城市的相关因素有关。

基于上述研究结论，给出以下三点政策建议：

第一，依托专业化集聚和多样化集聚两种集聚模式，加快长江经济带三大城市群生产性服务业集聚发展。城市群应充分认识生产性服务业集聚在提高城市群经济发展质量中的作用，结合自身产业结构和制造业基础，科学定位生产性服务业功能，选择合理、有效的生产性服务业集聚模式。就长江三角洲城市群而言，经济总量和技术水平是长江经济带的优势，产业发展相对成熟，应在确保高端生产性服务业专业化规模的同时，侧重生产性服务业的多样化集聚，构建多元化生产性服务业融合发展的产业集聚区，促进城市群经济高质量发展。就长江中游城市群和成渝城市群而言，现阶段应重点打造专业化的生产性服务业集聚区，通过培育与当地制造业发展需求匹配的生产性服务业，形成高质量的生产性服务业专业化集聚，使生产性服务业多样化集聚能够建立在更加高质量的专业化集聚基础之上。

第二，推进城市群生产性服务业的空间梯度发展和网络化布局，为发挥生产性服务业集聚的城际溢出效应开拓空间。增强城市群内生产性服务业产业间的关联度及互补性，形成城市间产业发展的合理梯度与协作网络，构建生产性服务业与工业融合共生、效率导向的城市群现代产业体系。首先，应强化城市间生产性服务业分工协作，形成核心城市与周边中小城市职能划分合理、各具特色、优势互补的产业格局。一方面，应发挥上海、南京、杭州、武汉、重庆、成都等核心城市生产性服务业集聚效应的辐射带动功能；另一方面，周边中小城市也应充分借助核心城市的高端生产性服务业人才与技术资源支撑，对自身制造业产业进行改造升级，加快从传统高耗能高污染的粗放生产方式向绿色低碳的高附加值生产方式转变。其次，应围绕产业链部署创新链，将科技势能转化为创新动能。依托城市群的"生产性服务业－制造业"新"核心－边缘"结构，打造城市群内研发创新、加工制造、配套服务的完整化产业链条，形成城市群内城市集聚经济的投入产出联系及主辅关系，通过学习机制使不同微观主体获得知识溢出的正外部性。

第三，加强城市群制度层面的城际合作机制建设，促进城市群经济一体化发展。实证研究发现，长江经济带三大城市群生产性服务业集聚效应的差异，主要体现在能否发挥正向城际效应上。为此，地方政府既要考虑城市之间的空间可达性，又要强化人力资本、信息化水平，改善城市间知识、技术和信息交流共享的长效机制。首先，应以创新区域一体化政策为前提，以城市群战略性服务设施空间布局为抓手，促进城市群区域合作模式由布局合作、要素合作向制度合作转变。地方政府应在促进自由竞争的基础上完善协作机制，着力建设开放的跨地理边界的城市网络，通过改善制度环境逐步消除城市群内城市间市场分割和要素流通限制。其次，应建立"人才—平台—制度"三位一体的城际产业合作支持体系，为产业高质量发展提供政策托底。通过成立跨区域协调机构，助推创新要素跨区域、跨行业流动，充分发挥生产性服务业集聚本地效应和城际效应的双重促进机制。此外，还应进一步优化长江经济带环境规制相关制度，健全产业集聚的转移承接机制，防范污染产业梯度转移。

第六章 推动生产性服务业高质量发展的城区实践

第一节 国内外生产性服务业发展先进经验

一、国外生产性服务业发展经验

（一）新加坡生产性服务业发展经验

新加坡是全球高科技产品出口国和精炼油生产国，其半导体设备占据全球约20%的市场，全球十大顶尖药品中有4种药品生产于新加坡。[①] 2021年，新加坡电子产业占制造业总产值高达45%、石油与化工产业占比24%、生物医药产业占比5%。[②] 新加坡的物流、金融、商贸等生产性服务业高度发达，有力地促进了其制造业攀升全球价值链顶端。

1. 以产业园区为载体推动服务业与制造业融合集聚发展

新加坡政府于1968年成立裕廊管理局（Jurong Town Corporation，JTC），专门负责全国工业园区规划、建设和管理工作，同时围绕不同时期工业化特征建设了裕廊工业园、晶片园、纬壹科技城、大士生物医药园等多个特色园区，明确各园区在发展主导产业的同时要大力发展生产性服务业，推动新加坡经济蓬勃发展。例如，裕廊工业园是新加坡最大的现代化工业基地，集聚

[①] 《新加坡先进制造业发展经验及启示》，见综合开发研究院微信公众号（https://news.qq.com/rain/a/20230721A03DG600），刊载日期：2023年7月21日。

[②] 参见新加坡经济发展局网站（https://www.singstat.gov.sg/find-data/search-by-theme/industry/manufacturing/latest-data），刊载日期：2022年1月26日。

了壳牌、埃克森美孚、索尔维等诸多世界级石油化工巨头企业，为更好地服务园区企业，裕廊管理局专门成立石化物流园，便于石化企业寻找大型邮轮码头、管道运输、仓储设施等第三方专业物流服务；纬壹科技城生物医药产业发达，内设启奥生物医药研究园，引进了葛兰素史克认知与神经变性疾病研究中心等多个世界级研发中心，引领生物医药领域科技创新，集聚多家风险投资机构，为小型初创企业提供研发资金支持。

2. 高效物流服务为制造业发展提供强力支撑

新加坡集聚敦豪、辛克等 25 家全球顶尖物流企业，石化、电子等产品贸易运输服务发达。为提高物流效率、降低物流成本，新加坡政府积极采用物流信息化技术，在全球率先推出贸易管理电子平台（TradeNet），为企业提供一站式清关服务，使海关能在 8 分钟内处理完 90% 的实物货物。此外，为增加货物运输量支撑外向型经济发展，新加坡政府一直高度重视加强机场与港口的全球互联互通，其机场与全球超过 380 个城市有航班连接、海港与 123 个国家的 600 多个港口通航。在机场、港口、物流与配送中心周边设置了 9 个自由贸易区，便于企业存放货物以及重新分类包装、鉴别展示及出口。

3. 发展知识产权金融、绿色金融等新兴金融服务

新加坡是亚洲地区最重要的金融中心之一，在金融创新领域走在世界前列。2014 年，新加坡知识产权局（Intellectual Property Office of Singapore，IPOS）针对科技型企业推出"知识产权金融计划"，推动知识产权投资、知识产权贷款和知识产权证券化三个领域的知识产权金融服务发展。以贷款为例，通过此项计划，新加坡本国企业可以将已获授权的知识产权（以专利为主）作为抵押物向指定金融机构申请贷款，政府将提供适当担保，以分担金融机构的风险。2019 年，新加坡金融管理局（Monetary Authority of Singapore，MAS）启动"绿色金融行动计划"，从调动资金、金融框架、绿色金融科技等方面推动绿色金融发展。例如，发布可持续债券资助计划支持可再生能源等一系列有影响的项目；发布绿色和可持续性挂钩贷款津贴计划，为寻求绿色贷款的不同规模和行业的企业支付第三方绿色贷款认证费用；鼓励银行制定与绿色、可持续挂钩的贷款框架，使中小企业更容易获得绿色融资。

4. 发展航运金融、海事仲裁、船舶登记、船舶检验等高端海洋服务

新加坡是世界主要的海工装备及船舶建造国之一，高端海洋服务助力新加坡海洋经济蓬勃发展。新加坡有 20 多家银行专门从事航运金融投资，为高端装备制造、船舶维修、海洋资源开发等领域提供大量资金支持，新加坡海事信托基金和新加坡海事组合基金也可为海洋企业注入长期稳定资金。新加坡海洋保险种类和机构繁多，货运险、船舶险等为海洋产业保驾护航，有海洋保险机构30多家。新加坡拥有完善的海商法体系，是亚洲海事仲裁首选地，由新加坡国际仲裁中心（Singapore International Arbitration Centre，SIAC）和新加坡海事仲裁院负责海事仲裁。新加坡实行宽松的船舶登记制度，如在保障安全的前提下不限船龄。在船舶检验方面，新加坡拥有挪威船级社、法国船级社、美国船级社等16家具有全球一流服务能力的船级社常驻机构，为船舶、海上设施及相关工业产品提供多种检验检测服务。

（二）日本东京都生产性服务业赋能制造业发展

东京都①制造业占GDP的比重长期稳定在15%左右，汽车及其零部件制造、电子产品制造、精密仪器制造等高端制造业全球领先，与制造业所匹配的科技服务、金融服务、信息服务等行业发展水平较高，推动制造业进一步升级与完善。②

1. 明确的城市定位推动高端服务业发展

20世纪80年代后，日本政府出台第四次全国综合开发规划、"技术立国"战略致力将东京都打造为对外贸易中心、金融服务中心和高科技产业中心，将附加值相对较低的制造业迁移至横滨、川崎等周边城市，研发设计、信息服务、金融保险等高附加值服务业成为东京核心产业。东京形成丸之内金融区、新宿商务办公型副中心区和临海商务信息区等集聚区，这些集聚区拥有东京60%以上的法律、会计、研究设计、信息服务企业，其中法律事务所、专利事务所数量占日本全国的50%左右，设计服务机构数量约占日本全国的40%，汇聚日本全国25%以上的民间研究机构及50%的顶级技术型公司，高附加值的服务业不仅支撑了丰田、日立、索尼等高端制造业总部发展，还催生出一批"新产品研究开发型工厂"。

2. 科技服务业引领产业创新发展

高强度的研发支出为制造业提升创新策源能力奠定了坚实基础。东京都的研发经费占日本全国比重的40.8%，占东京都GDP的7.2%，其中企业研究经费占主体（占比超过77%），主要集中在生命科学（约占20%）、信息

---

① 东京都包括23个特区、26个市、5个町和8个村。
② 参见日本东京都总务局统计部网站（https://www.toukei.metro.tokyo.lg.jp/）。

通信（约占17%）等领域，专利申请件数多达13万件。① "产学研"结合促进了科技成果转化，20世纪90年代以来，日本政府颁布了《大学技术转让促进法》等一系列法律法规作为促进科技发展和科研成果产业化的制度保证，建立大学科技转让机构（Technology Licensing Organization，TLO）② 以提升科技成果转化率，其中东京大学每年向企业提供的专利许可和技术转让约为200项，涵盖信息通信、食品健康、化妆品、电器制造等领域。

3. 利用多种金融工具赋能制造业发展

作为全球金融中心，东京都对制造业的金融支持政策相对完善。国民金融公库、中小企业金融公库、商工组合中央公库、环境卫生金融公库等政策性金融机构扶持科技型中小企业发展（如成立金融公库，为中小型企业提供低息贷款服务，企业能够获得10%的贷款利率优惠，同时贷款期限可适度延长，最长可延长至25年），信用担保制度解决企业因缺少抵押品和信用记录而造成的融资难问题，成立株式会社产业革新机构（Innovation Network Corporation of Japan，INCJ）为创新型企业和项目提供大额资金（主要涉及领域包括电子机械器件、IT研发、材料化学和健康医疗业），构建主板、二板、三板多层次的资本市场，为企业提供股权市场直接融资渠道（二板市场是东京交易所的市场二部，三板市场即MOTHERS创业板市场，二板、三板主要面向高科技企业）。

4. 强大的信息服务业进一步提升制造业竞争力

东京都政府通过激励扶持软件产业和数据库服务业来带动整个信息服务业的发展，如定免征7%的信息技术开发资产税，支持著名的大型软件项目TRON和SIGMA的建设，将计算机程序和数据库分别纳入著作权保护范围等举措带动了东京乃至日本全国信息服务业的发展。促进信息服务业与制造业融合发展，以制造业设计环节为例，20世纪90年代东京企业率先应用CAD技术导入三维设计图纸，2000年后利用产品数据管理技术（product data management，PDM）分析数据大幅缩短了产品设计开发、生产制造周期，从而提升制造业企业竞争力。

---

① 日本总务省下属的科学技术与学术政策研究所（National Institute of Science and Technology Policy，NISTEP）自2016年起公布年度地域科学技术指标报告。2024年10月发布的《地域科学技术指标2022》是该系列报告的最新版本。该报告统计了2022年日本各地区企业、非营利组织和公共研究机构、大学、地方政府科学技术相关的预算、科研经费、产学研合作、专利、论文8个维度的数据。

② 技术转让机构主要以公司法人的形式存在，其职能是挖掘、评估、选择具有产业潜能的研究成果，将大学的研究成果转让给企业。具体模式是大学的产学结合部（DUCR）负责科研管理，TLO主要负责专利申请和技术转移，资本株式会社负责风险投资支持科创型公司。

(三)美国旧金山湾区生产性服务业发展经验

旧金山湾区生产性服务业以科技创新与风险资本双核驱动,作为全球著名的"科技湾区",其在企业创新、产学研融合、科技金融体系等多方面成效突出。拥有硅谷的旧金山湾区以高科技为导向,是谷歌、苹果、脸书等科技巨头全球总部和斯坦福大学、加州大学伯克利分校等20多所著名科技研究型大学所在地。湾区每平方公里风险资本密度达2.3亿美元,叠加斯坦福、伯克利等高校年均输出1.8万名工程师,形成全球独有的"资本密度×人才浓度"要素聚合效应,独角兽企业密度达7.2家/万人,是北京的5.5倍、上海的8倍。①

1. 全球科技服务枢纽地位

旧金山湾区通过斯坦福大学技术许可办公室(Office of Technology Licensing, OTL)开创以"三三三制"分配为核心的技术转化模式,发明人、院系与学校各获1/3的净收益,专利许可收入反哺研究。OTL模式通过专业化管理(如技术经理全程跟进、专利营销优先)显著加速技术转化,OTL许可的技术促成一批高技术企业的成长和壮大。2022年,OTL许可收入达8900万美元,全年许可140项专利,成立22家初创公司,达成了2110项产学研合作协议,累计推动3950项技术商业化。旧金山湾区技术转化效率全球领先的地位得益于其独特的"三螺旋"科技服务机制,即高校实验室提供前沿技术"种子"、风险资本注入商业化"燃料"、专业服务机构(如律师事务所、会计师事务所)搭建合规桥梁。数据显示,从实验室成果到商业化产品,旧金山湾区的平均耗时显著缩短,较全美国平均水平缩短近一半,这一效率优势吸引了全球23%的科技企业在此设立研发中心。

2. 风险资本服务创新

一是全周期资本服务体系。旧金山湾区风险资本规模占全美38%,2023年,融资总额达1200亿美元,其中早期投资占比达45%,远高于纽约(28%)和波士顿(22%)等其他创新中心。红杉资本首创的"创业者学院"模式,通过为期12周的密集培训,帮助创业者构建商业模式、优化技术

---

① 参见美国非营利研究机构硅谷联合投资公司(Joint Venture Silicon Valley)发布的报告"2024 Silicon Valley index"(《硅谷指数2024》),以及胡润研究院发布的《2024全球独角兽榜》。

路线，其 2023 年的 73 家学员企业中，有 23 家成长为独角兽企业。Andreessen Horowitz（A16Z）推出的"代币化基金"颠覆传统风投模式，通过区块链技术将基金份额通证化，允许有限合伙人（LP）在二级市场交易份额。二是另类融资工具应用。AngelList 平台通过"Syndicate 众筹 + 特殊目的载体"架构，重构早期投资逻辑，个人天使投资者可联合领投人组成投资联盟，最低参与金额降至 1000 美元。2023 年该平台促成超 5 万个早期项目融资，这种"碎片化投资 + 专业化管理"模式，使非机构投资者也能深度参与前沿科技投资，极大扩展了创新资金来源。湾区天使投资人群中，非传统金融从业者占比从 2018 年的 35% 提升至 2023 年的 62%，包括工程师、学者乃至艺术家等多元背景人群。三是风险定价创新机制。Founders Fund 等机构采用"技术期权"模式，以 50 万美元购买早期项目 5% 的未来收益权，而非传统股权。这种模式将技术潜在价值与短期商业表现解耦，使资本更敢于押注前沿领域。2023 年，湾区深科技领域（量子计算、核聚变等）融资额同比增长 120%，其中技术期权类投资占比达 35%。[①]

3. 数字服务范式革命

一是"开源—商业化—反哺"开发者生态构建。开源社区已成为湾区技术扩散的核心渠道。GitHub 作为全球最大的开源社区，其总部位于旧金山，2023 年注册开发者达 1.2 亿，湾区企业贡献的核心代码库占比超 60%。GitHub 构建了"开源—协作—商业化"的生态闭环，开发者通过开源项目积累声誉，企业通过赞助关键项目获取技术优先使用权。例如，谷歌每年投入超 2 亿美元赞助 TensorFlow 等开源社区，既推动技术标准化，又通过云服务实现商业化变现，形成可持续的创新循环。TensorFlow 开源框架吸引全球超 200 万开发者参与，谷歌通过集成其优化的 TPU 芯片和云服务，实现年营收增长 18 亿美元。企业再将部分收益反哺社区，如 Meta 每年投入 1.5 亿美元支持 PyTorch 生态建设。这种"知识共享—商业变现—再投资"的闭环，使湾区开源项目商业化转化率高达 67%，远高于全球平均的 29%。二是数据要素市场化实践。加利福尼亚州 2022 年《数据信托法案》开创了数据交易新范式，允许企业将数据资产存入受监管的信托账户，在确保隐私安全的

---

① 参见旧金山湾区委员会经济研究所（Bay Area Council Economic Institute）发布的 2023 年湾区经济报告；美国 Crunchbase 发布的 2023 年 Q4 各阶段风险投资数据（https://about.crunchbase.com/partners/），发布日期：2024 年 01 月 12 日。

前提下进行交易。Snowflake 数据市场作为核心基础设施，2023 年促成医疗、金融等领域数据交易额超 90 亿美元。这种"数据银行"模式解决了传统数据交易中的权属不清问题，信托机构作为中立第三方，通过区块链技术实现数据使用追踪和收益分配。

4. 专业服务集群支撑

硅谷集聚了 Wilson Sonsini、Fenwick 和 West 等全球顶尖科技律所，以及 Ocean Tomo 等专业知识产权服务机构，形成了覆盖技术交易全链条的服务网络。2023 年，湾区科技并购案件标的总额达 5800 亿美元，占全球科技并购市场的 38%。① 此外，专业服务机构还开发了"风险共担"收费模式，如按交易结果分成的法律服务协议，使初创企业前期法律成本降低 60%。这种高度专业化的服务能力，为科技企业的快速扩张提供了从知识产权保护到跨境合规的全生命周期支持。

（四）美国纽约州生产性服务业发展经验

纽约作为全球经济和金融中心，其生产性服务业以高度专业化、全球化网络和创新能力著称，拥有独特的"资本—知识—市场"三螺旋生态系统。根据纽约州经济发展局 2023 年数据，生产性服务业占纽约州 GDP 的 52.4%，其中金融保险、专业服务（包括法律、会计、咨询等）、信息技术和研发服务为支柱产业。②

1. 全球金融服务中枢地位

纽约的全产业链金融服务能力突出，汇集全球十大投行中的 6 家总部（高盛、摩根大通、摩根士丹利、花旗、美国银行、富国银行），全球管理资产规模最大的 10 家保险公司中的 4 家总部（大都会人寿、AIG、保德信金融、纽约人寿），贝莱德、桥水等资产管理巨头，以及纳斯达克、纽约证券交易所等核心交易平台，形成覆盖企业全生命周期的服务网络。以 SPAC（special purpose acquisition company，特殊目的收购公司）上市服务为例，纽约律所和投行主导全球 78% 的 SPAC 交易。细分领域的深度专业化尤为突出，精品投行 Evercore 专注于中型企业并购，平均交易效率较综合投行快 30%，其"买方顾问"模式通过深度绑定企业管理层利益，将交易成功率提

---

① 参见硅谷经济研究所（SVIG）及 PitchBook 发布的《2023 年全球科技并购报告》。
② 参见纽约州经济发展厅（Empire State Development）网站（https://esd.ny.gov/industries）。

升至92%。2022年，纽约金融保险业增加值达3870亿美元，占全市GDP的24%；风险投资额达520亿美元，重点投向金融科技、人工智能和生命科学领域；黑石集团、KKR等私募巨头主导全球并购交易。

2. **专业服务集群生态优势**

一是法律、会计与战略咨询"一站式"服务链网络。华尔街周边集聚着世达（Skadden）、瑞生（Latham & Watkins）等顶尖律所，以及麦肯锡、波士顿咨询等机构，形成"交易设计—合规审查—战略落地"的服务闭环。2022年，纽约法律、会计及管理咨询行业营收达1620亿美元，占全美市场份额的18%；普华永道、德勤、安永、毕马威四大会计师事务所纽约办公室总营达480亿美元，占其全球收入的28%；管理咨询业营收达320亿美元，麦肯锡、波士顿咨询、贝恩三大巨头纽约办公室贡献其全球收入的18%，咨询公司创新"数据订阅服务"，如贝恩公司推出行业风险预警系统，通过实时抓取全球175个经济指标，帮助客户提前预判市场波动，2023年该系统订阅收入增长45%。二是金融信息与媒体枢纽功能完备。彭博社、道琼斯等机构构建全球金融信息中枢，彭博终端覆盖35万专业用户，日均处理超过3000亿比特的金融信息，并支持实时交易与跨机构沟通。纽约财经媒体集群（如美国消费者新闻与商业频道、华尔街日报）通过将高频资讯与深度分析结合，日均发布总量庞大，内容涵盖政策解读、行业研究及市场突发事件分析，对全球资本流动产生显著影响。

3. **科技赋能的跨界融合**

一是信息技术与研发生态。纽约曼哈顿的"硅巷"（Silicon Alley）集聚了超9000家科技企业，谷歌、脸书、微软等高技术企业巨头均在此设立研发机构和业务中心。与硅谷有所不同的是，纽约的科技创新产业并不是围绕芯片、半导体等硬件设备展开，而更倾向于通过研发各种信息技术，为新媒体、金融技术、互联网等领域提供先进的解决方案和优化升级，进而实现科技创新与其他产业的深度融合。最初，硅巷指的是曼哈顿地区的一个地名，即以曼哈顿下城第五大道与百老汇交界处的熨斗大楼为中心的区域，而后逐渐扩展到曼哈顿中下城和布鲁克林的DUMBO区，汇集大量新媒体、网络科技、金融科技企业，形成了科技产业集群。二是金融科技创新试验田。2010年，埃森哲与纽约市合作基金（Partnership Fund for New York City）共同创立了纽约金融科技创新实验室（The Fintech Innovation Lab New York），旨在通过与顶级金融服务和风险投资高管的深入合作，帮助早期和成长期金融科技公司加快产品与业务开发,累计孵化了 109 家金融科技企业,帮助筹集超过 26 亿美元风险融资,并创造 3000 多个就业岗位。

(五)德国慕尼黑市生产性服务业发展经验

慕尼黑是德国巴伐利亚州首府,也是欧洲领先的科技与经济中心。其生产性服务业以高附加值、强创新性和全球化布局为特征,形成了以金融保险、信息技术、研发设计、专业服务和物流管理为核心的产业体系。2022年,慕尼黑生产性服务业增加值达 1250 亿欧元,占全市 GDP 的 48.7%。①

1. 工业 4.0 服务创新高地

一是制造业服务化标杆实践。慕尼黑依托宝马、西门子等龙头企业,构建了"制造即服务"(MaaS)生态体系。德国 60% 的汽车电子研发服务由慕尼黑企业提供(如宝马自动驾驶实验室)。宝马集团于 2022 年拆分成立 BMW Digital Services,专注于为全球汽车制造商提供智能工厂规划、数字孪生建模等高端服务。截至 2024 年,该公司已为 12 个国家 30 家车企设计数字化生产线,服务收入达 48 亿欧元,占集团总利润的 18%,其开发的"虚拟调试系统"可使新产线调试周期从 6 个月压缩至 3 周。西门子数字化工业集团总部位于慕尼黑,其工业云平台 MindSphere 服务全球超 3 万家企业。二是工业 4.0 创新平台建设。巴伐利亚州政府大力支持建设"慕尼黑工业 4.0 创新中心",集成数字孪生、预测性维护等 23 项核心技术模块。区域内,工业软件服务集群集聚 SAP、西门子等企业,主导工业互联网平台架构(如 RAMI 4.0)的研发与标准推广,是德国数字化转型的关键引擎,其工业软件服务出口规模在欧盟市场中占据重要地位。

2. 良好的科技服务生态系统

一是产学研深度融合。慕尼黑工业大学、慕尼黑大学等顶尖学府是德国慕尼黑科技创新的核心驱动力,通过与西门子、宝马等企业共建实验室,推动科研成果快速转化。弗劳恩霍夫应用研究促进会所属的十多个研究所和研究部,均为慕尼黑市所属,通过"研究集群网络"实现跨学科技术攻关,为中小企业提供定制化解决方案。黎曼实验室在深度学习和计算机视觉等方面研究享有国际声誉,其成果广泛应用于工业制造和自动驾驶领域。二是政策

---

① 参见德国联邦统计局城市经济数据平台(https://www.destatis.de)和巴伐利亚州统计局网站(https://www.statistik.bayern.de)。

与资本协同。巴伐利亚州政府通过推动产业集群政策整合企业、高校、研究机构与资本，强化技术转化生态。慕尼黑高科技工业园聚集了600多家科技企业，以超90%的孵化成功率成为技术商业化枢纽。州政府还致力于推动"高科技议程"，以确保慕尼黑在全球科技领域占据领先地位，成功吸引OpenAI、谷歌等国际巨头设立研发中心。此外，由慕尼黑政府联合宝马、英飞凌等大型企业发起成立的城市合作实验室（Munich Urban Colab）进一步强化了创新支持网络。

3. 绿色专业服务领先地位

慕尼黑气候研究中心联合弗劳恩霍夫研究所开发了全球首个制造业碳足迹实时监测系统，可精确追踪从原材料采购到产品交付的全流程碳排放。截至2024年，该系统已认证企业超3000家，某汽车零部件供应商通过该系统优化全球物流网络，减少运输环节碳排放28%，获特斯拉绿色供应链准入资格，订单量增长120%。TüV南德意志集团推出"零碳工厂"认证标准，要求企业实现100%可再生能源使用及碳抵消。

二、国内部分城市生产性服务业发展经验

（一）北京市生产性服务业发展经验

北京市凭借首都功能定位、科技创新资源及政策优势，其生产性服务业以"高能级、强辐射、深融合"为核心特征，持续领跑全国。2022年，北京市的生产性服务业实现增加值2.3万亿元，占服务业增加值65.7%，占GDP比重达55.4%。①

1. 科技服务能级领跑全国

科技服务业是北京市建设国际科技创新中心的重要支撑，也是北京市重点发展的高精尖产业之一。北京科技服务业门类齐全、资源丰富，涵盖研发、设计、转化、知识产权等创新链各环节，行业先发优势明显，已形成"123"发展格局，即以占全国1成的企业数量，创造了2成的收入，贡献了超3成的利润。近年来，科技服务业的增加值占全市GDP的比重始终保持在8%以上。2024年，北京科技服务业规模以上企业达3900多家，全年实现收

---

① 参见北京市统计局网站（https://nj.tjj.beijing.gov.cn/nj/main/2023-tjnj/zk/indexch.htm）。

入近万亿元；技术合同成交额达9153.3亿元，居全国首位。聚焦研发，在京全国重点实验室有77家，约占全国的28%；聚焦孵化，各类孵化器和众创空间超过500家，国家级孵化器数量在全国城市最多；知识产权专利代理机构和检验监测认证机构数量高居全国城市之首，分别占到全国的五分之一和三分之一。"三城一区"（中关村科学城、怀柔科学城、未来科学城和北京经济技术开发区）是北京国际科技创新中心建设的主平台，2023年"一区"承接"三城"科技成果转化超过270项，同比增长13%。科技服务大平台、大装置成效显著，怀柔科学城建成全球最密集大科学装置集群（高能同步辐射光源等9个设施），支撑全国70%以上重大科研项目；中关村科技服务平台整合2.3万家服务机构资源，通过AI算法实现技术供需精准匹配。先行先试改革激发创新活力，例如，率先试点企业投入基础研究可享受100%研发费用加计扣除政策，率先实现市自然科学基金所有项目经费实行"包干制+负面清单"管理，率先探索和建立"市—区—企业"自然科学联合基金机制。①

2. 数字经济标杆引领

北京市是全国数字经济的发展高地。作为科技创新领军城市，北京市新一代信息技术领域的发明专利数量遥遥领先于其他城市，在网络基础设施方面的优势也为产业数字化奠定了坚实基础。2023年，北京市信息传输、软件和信息技术服务业实现增加值8514.4亿元，同比增长13.5%；全市实现数字经济增加值18766.7亿元，同比增长8.5%，占GDP的42.9%，其中数字经济核心产业增加值增长10.8%，占GDP的25.3%；数据要素市场规模约为350亿元，占全国的39%左右。早在2021年，北京市委市政府印发《北京市关于加快建设全球数字经济标杆城市的实施方案》，明确要通过5到10年时间打造引领全球数字经济发展的"六个高地"。目前，基于数智基础支撑、数据要素配置、数据产业引领、数字创新策源、数据治理领先、数字开放合作等六个纬度进行评价，北京已跻身全球数字经济发展的"第一梯队"。人工智能、区块链企业数量均居全国第一，中关村科学城集聚字节跳动、百度等全球AI领军企业，人工智能算力规模占全国30%，区块链技术应用场

---

① 参见《北京国际科技创新中心建设亮成绩单 北京科技创新多维度步入全球前列》，北京市人民政府网（https://www.beijing.gov.cn/ywdt/gzdt/202410/t20241005_3911380.html），刊载日期：2024年10月5日。

景数量全国第一。元宇宙服务生态成型，通州元宇宙示范区建成全球首个城市级数字底座，支持百万级用户并发交互。北京持续扩大5G网络覆盖范围，推进"双千兆"网络建设，推动地铁、重点商圈和景区等区域5G网络高质量覆盖。截至2024年6月，北京已累计建设10.4万个5G基站，实现五环内全覆盖、五环外重点区域和经典场景精准覆盖，累计千兆固网用户达200.7万户。北京还建成了31.3万座通信基站，每万人拥有的5G基站数量位列全国第一。同时，北京推进千兆固网接入网络建设，目前固定互联网宽带接入用户数已达933.4万户，物联网终端用户位居全国前列。①

3. 金融业基础雄厚

北京作为国家金融管理中心，其金融街集聚了国家金融决策管理机构（人民银行、金融监督管理总局、中国证券管理委员会、国家外汇管理局）以及近两千家金融机构和大批重要金融行业组织，是名副其实的中国"金融大脑"，管理全国九成信贷资金、超六成的保险资金。金融街已发展成决策监管、标准制定、资产管理、支付结算、信息交流、国际合作"六位一体"的国家金融管理中心。同时，金融业也是首都的支柱产业。北京市金融管理局数据显示，北京市金融业机构资产规模超215万亿元，约占全国的50%。② 2024年，北京市金融业实现增加值8154.2亿元，同比增长7.6%，创近五年之最，占GDP比重的16.4%；北京证券交易所的上市公司达262家（2024年底数据），总市值为5386亿元，其中超过一半为国家级专精特新"小巨人"企业。③ 北京市积极创新，形成金融科技创新监管试点等一批引领性金融科技项目，创设"京津冀征信链"等一批创新性金融服务平台，推出跨国公司本外币一体化资金池试点等一批首创性金融创新服务。

4. 制度型开放标杆效应凸显

一是数据跨境流动规则创新。北京市作为全国首个"数据跨境流动安全管理试点"城市，率先实现民航、汽车、教育、医药、学术、人工智能6大行业领域数据合规出境，且出境数据多样性和通过率均居全国前列。通过分类分级管理，企业可根据数据敏感程度选择"安全评估备案制"或"白名

---

① 参见首都经济贸易大学研究团队2024年7月发布的《北京数字经济发展报告（2023—2024）》。

② 《北京金融业机构资产达215万亿元》，见新浪财经（https://finance.sina.com.cn/jjxw/2024-03-25/doc-inapmyzh2323683.shtml），刊载日期：2024年3月25日。

③ 参见《北京市2024年国民经济和社会发展统计公报》。

单快速通道"。全国首个获批数据出境安全评估案例、全国首家通过订立标准合同实现个人信息合规出境企业案例均在北京落地。① 二是国际专业服务标准输出。北京仲裁委员会发布的《智能合约争议解决规则》成为全球首个相关领域标准，该规则将代码审查、智能合约漏洞鉴定等纳入仲裁程序。在会计审计领域，普华永道试点应用"审计机器人"，通过自然语言处理技术自动提取财务数据异常点。

（二）上海市生产性服务业发展经验

上海市是我国工业制造发祥地，长期以来一直是轻工业、高端装备制造等领域的先行者，并且科技服务、信息服务、商务服务、金融服务等生产性服务业高度发达，有效服务制造业向价值链高端提升。2010—2023年，上海市的生产性服务业增加值从5100多亿元跃升至超2.11万亿元，增幅为300%左右，占GDP比重从2010年的29%增至2022年的45.4%，占服务业比重达60.4%。② 2024年，上海第三产业增加值同比增长5.7%，其中，交通运输、仓储和邮政业增加值同比增长19.2%，信息传输、软件和信息技术服务业增加值增长12.9%，金融业增加值增长7.9%，租赁和商务服务业增加值增长6.4%。③ 上海连续四年被《世界城市名册》评为Alpha+级（仅次于伦敦、纽约的Alpha++级），彰显了生产性服务业作为上海经济新增长极的强大新动能。④

1. 规划引领生产性服务业功能区建设

生产性服务业功能区是上海推进服务业与制造业融合发展的重要尝试。2020年，上海出台《关于促进本市生产性服务业功能区发展的指导意见》《上海市生产性服务业功能区建设指引》等政策，进一步规范生产性服务业功能区的建设。2021年，上海已批复建设45个功能区，集聚超4万家企业、

---

① 《北京已成为全球数据跨境流动的重要枢纽》，见北京新京报时政新闻微信公众号（https://news.qq.com/rain/a/20240831A02JQV00），刊载日期：2024年8月31日。
② 数据来源于上海生产性服务业促进会。
③ 参见上海市统计局网站（https://tjj.sh.gov.cn/tjnj/20250331/9f8ec62cc2234485b0aa411b8d967c37.html）。
④ 全球化与世界城市研究网络（Globalization and World Cities Study Group and Network，GaWC）是世界城市排名知名机构之一，其发布的《世界城市名册》关注金融业和保险、广告、法律等生产性行业的发展，考察城市之间的互动和连通。换言之，生产性服务业是GaWC世界城市排名的重要评价指标。

47万员工，单位土地面积年营收达328.5亿元/平方公里，形成市北、金桥、张江集电港、临港松江、临港浦江等一批示范园区，聚焦嘉定（汽车）、松江（生物医药）、奉贤（美丽健康）、南汇（高端装备）等区域完善产业投资、科技研发、设计服务、技术推广、技术转移、技术交流、检验检测、教育培训等服务体系。

2. 大力发展总集成总承包推动制造业和服务业加速融合

总集成总承包①（以下简称"双总"）是制造业提质增效的重要方式之一。2008年，上海开始推动全市"双总"发展，设立专项扶持政策，重点培育具有核心技术和服务能力的"上海服务"供应商。截至2021年初，上海市已扶持超500个典型"双总"项目，在输配电、港口、船舶、新能源、电站、建筑设计、节能环保、融资租赁、供应链管理等领域，涌现出众多具有市场竞争力和集成创新能力的"双总"企业，如中国船舶集团有限公司第九设计研究院，以突出的专业化设计能力起步，向业内具有总设计能力的一揽子解决方案提供商转型的典型代表，中船黄埔文冲船舶有限公司项目的顺利实施既提升了我国造船工业装备水平和技术，又帮助开拓了珠江三角洲造船工业装备市场；上海庞源机械租赁股份有限公司主导的"土耳其泽塔斯2×660 MW燃煤火电站吊装工程服务项目"，通过融资租赁与经营性租赁相结合的方式，为燃煤火力发电站提供定制化的服务方案与先进大型设备，同时是企业投资"一带一路"沿线国家的成功尝试，对促进国内机械设备租赁行业的发展起到了积极作用。

3. 推动产业电商为代表的信息服务与制造业深度融合

产业电商②是传统制造业互联网升级的核心模式。2010年，上海启动产业电商"双推"工程③，支持"双推"平台企业加快开拓上海服务市场、积极拓展全国服务市场。截至2020年12月，上海市共遴选了145家产业电商平台，涵盖检验检测、数字营销、大宗商品交易、工业品采购、数字供应链管理、企业法律服务、医药器械数字化管理等领域，支持超过2万家企业，

---

① 总集成总承包指除为用户提供主营业务的核心产品外，能够利用主营核心产品的强大嵌入性，组织外部资源（包括基础、厂房、外围设施建设）并加以集成，为用户提供"交钥匙工程"；或集成相关的制造业务，实现与主营制造业务的联动，为用户提供装备成套性的服务（包括系统设计、系统设备提供、系统安装调试）。

② 产业电商是指以产业为基础的，产业链企业参与的，结合大宗交易、电商交易等特点的，借助互联网平台进行的一种新型B2B（企业对企业）交易模式。

③ "双推"工程是指推动产业电商等企业服务平台创新发展、推动中小企业上平台/用平台。

减少了 2 亿元服务费用。上海与苏、浙、皖三地深度合作，在构建人工智能、集成电路、生物医药先导产业集群方面打造基于智慧服务的平台经济、基于工业互联的智能制造、基于创新驱动的衍生制造、基于全价值链的专业服务、基于数字化的供应链管理体系。

4. 持续优化检验检测服务提升制造业质量控制水平

近年来，上海市政府联动各区政府加快提升检验检测服务能力：静安区发布规范和扶持检测认证服务发展 10 条新政；徐汇区成立品牌指导站，为检验检测机构提供商标服务，举办检验检测联盟服务对接"上海品牌"论坛等；浦东新区率先实施检验检测机构告知承诺制度等系列措施。《2022 年上海市检验检测创新案例名单》显示，上海已涌现出电动交通智能充换电设施综合测评技术、一体式氢发动机测试系统、土工合成材料综合测试技术等一批国内首创、填补领域空白的检验检测服务技术。

5. 金融服务、航运服务领域不断强化全球资源配置枢纽功能

上海作为中国改革开放的桥头堡，承载着国家赋予的"打造全球资源配置新高地"的历史使命。一是国际金融中心服务能级持续提升。2024 年，上海金融市场交易总额达 3650 万亿元，科创板上海累计首发募资额和总市值保持全国第一，持牌金融机构增加到 1782 家，上海国际再保险登记交易中心成立，铅、镍锡和氧化铝期权实现在上海期货交易所上市。上海证券交易所股票市值稳居全球第三，债券托管市值位居全球交易所债券市场第一，期货交易所多个品种交易量位居同类品种全球第一。2024 年，上海跨境人民币收支总额达到 29.8 万亿元，以占全国业务总量 47% 的势能，持续发挥着带动我国跨境人民币业务稳步快速发展的"头雁"效应。二是国际贸易中心持续提质升级。2024 年，上海全年口岸进出口总额达 11 万亿元，继续保持全球城市首位，东方枢纽国际商务合作区总体方案获批实施，离岸贸易、跨境电商等新型国际贸易蓬勃发展。三是国际航运中心资源配置能力持续增强。上海国际航运中心建成全球首个全自动化集装箱码头，2024 年全年上海港集装箱吞吐量达 5150 万标准箱，连续 15 年保持世界第一，成为全球首个年吞吐量超 5000 万标准箱的世界大港，航运贸易数字化平台上线运行，全国首例涉外海事临时仲裁在沪裁决。①

---

① 《2024 年上海口岸进出口总额达 11 万亿元 金融市场交易总额达 3650 万亿元》，见新华财经微博（https://finance.sina.cn/2025-01-16/detail-inefczya7383142.d.html），刊载日期：2025 年 1 月 16 日。

（三）杭州市生产性服务业发展经验

杭州市生产性服务业聚焦数字服务、金融服务、科技服务、物流服务、高端商务服务五大优势领域。2023 年，杭州市生产性服务业增加值达 8874 亿元，同比增长 9.9%，占服务业增加值的比重达 63.2%，占 GDP 比重 44.3%，税收占比超七成。生产性服务业已成为杭州经济发展的新动能和重要增长极。[①] 这一增长态势得益于杭州市在数字技术、政策创新和产业协同方面的系统化布局。2024 年，杭州全市数字经济核心产业增加值为 6305 亿元，同比增长 7.1%，占全市 GDP 比重达 28.8%；全市数字经济核心产业实现营业收入为 20401 亿元，增长率为 4.9%。[②]

1. 信息技术服务业：数字经济引领的全球竞争力

杭州市信息技术服务业以云计算、大数据、人工智能为核心，形成"龙头企业+生态集群"的发展格局。以阿里巴巴、网易、海康威视为代表的企业，不仅推动了本地产业升级，更通过阿里云、钉钉等平台向全球输出技术服务。例如，阿里云为全球企业提供弹性计算、数据库管理等服务，2022 年营收突破千亿元，市场份额居亚太地区第一。此外，杭州积极布局元宇宙、区块链等新兴领域，余杭区成立全国首个元宇宙产业园区，吸引了商汤科技、字节跳动等企业入驻。2022 年信息技术服务业增加值占生产性服务业总规模的 42.3%，成为核心增长极。杭州通过"城市大脑"项目，将数字技术嵌入城市治理与产业服务，政府联合企业建立了"数字贸易港"，为中小企业提供跨境支付、数字营销等一站式服务。

2. 金融服务业：科技赋能与普惠金融双轮驱动

杭州获批国家科创金融改革试验区、资本市场金融科技创新试点、股权投资和创业投资份额转让试点。杭州金融服务业依托蚂蚁集团、同花顺等金融科技企业，实现从传统金融向数字化服务的跨越式发展。蚂蚁集团的区块链跨境汇款技术将国际支付时间从数天缩短至秒级，服务覆盖全球 200 多个国家和地区。同时，杭州通过"金融港湾"建设，打造钱江新城金融集聚区，吸引了高盛、摩根士丹利等国际金融机构在此设立区域总部。在普惠金

---

① 《杭州为何专门为生产性服务业召开大会 答案藏在这几组数据里》，见网站（https://hznews.hangzhou.com.cn/chengshi/content/2024-07/26/content_8764732.htm），刊载日期：2024 年 7 月 26 日。

② 参见杭州市统计局网站（https://tjj.hangzhou.gov.cn/art/2025/2/21/art_1229279240_4333457.html），刊载日期：2025 年 2 月 21 日。

融领域，杭州创新"小微 e 贷"等数字化信贷产品，2022 年小微企业贷款余额达 1.8 万亿元，同比增长 23%。2022 年，杭州市实现金融业增加值为 2407 亿元，同比增长 7.5%，在 GDP 中占比 12.8%，对 GDP 的增长贡献率达到 60.6%，稳居全国前列。

3. 研发设计与技术服务：创新链与产业链深度融合

杭州创新指数稳居全球第 14 位，国家创新型城市创新能力评价居全国第 5 位。杭州研发设计产业以工业设计、生物医药研发、集成电路设计为特色。博乐设计集团为吉利、海尔等企业提供全生命周期设计服务，累计获得红点奖等国际奖项 200 余项；西湖大学、之江实验室在基因编辑、类脑计算等领域突破关键技术，形成"基础研究—中试—产业化"链条。2022 年，杭州研发经费投入强度达 3.8%，高于全国平均水平，技术合同成交额突破 1500 亿元，占浙江省总量的 48%。① "揭榜挂帅"机制激活创新活力，杭州市政府发布"企业技术需求榜单"，吸引高校团队"揭榜攻关"。杭州市从 2020 年开展"揭榜挂帅"工作以来，截至 2022 年底，累计征集到自主发放的项目 2403 个（标的额达 71 亿元）、攻坚克难的重大难题 423 个（揭榜金额超过 10.2 亿元）。

4. 现代物流与供应链管理：智慧化与全球化协同突破

作为全国首个跨境电商综合试验区所在地，杭州依托菜鸟网络、连连国际等企业，构建了"海陆空铁"多式联运体系。2022 年，杭州跨境电商进出口额达 1200 亿元，占全国总量的 16.3%。② 菜鸟网络在杭州布局全球智能骨干网，其无人仓、AGV 机器人等技术将分拣效率提升 300%。杭州市通过数字化改造与绿色转型，重塑物流服务价值链，菜鸟网络开发的"数字关务+智能分拨"系统，整合海关、港口、仓储数据，使跨境包裹通关时效从 72 小时缩短至 28 小时。传化智联首创"公路港"模式，通过"线下基础设施+线上数字化平台"双轮驱动，打造城市新型物流生态圈，线上网络货运平台的注册企业超 20 万家，智能调度算法助力合作企业的物流成本平均降低 10%～12%。

---

① 《浙江 R&D 经费投入强度首次突破 3%，有何重要意义?》，见杭州网（https://news.hangzhou.com.cn/zjnews/content/2023-10/15/content_8629640.htm），刊载日期：2023 年 10 月 15 日。

② 《我国跨境电商行业研究报告（2022）》，见 CSDN 专业开发者社区（https://m.gmw.cn/2022-12/22/content_36250096.htm），刊载日期：2023 年 10 月 22 日。

5. 直播电商全链条服务体系:"平台+供应链+政策"三位一体

杭州是全国直播电商的标杆城市之一,在平台资源、政策环境和产业链供应链上的优势突出。平台资源方面,杭州是电商头部平台与企业的聚集地。作为阿里巴巴总部所在地,淘宝直播(国内最大的直播电商平台之一)在此扎根,吸引了大量网红孵化中心(MCN)机构、主播和供应链企业入驻。2022年杭州直播电商商品交易总额(GMV)为1.2万亿元,在全国占比约30%。在产业链和供应链方面,杭州拥有从内容生产、直播运营、供应链管理到物流配送的全链条配套。杭州及周边(义乌、温州)的供应链资源丰富,阿里云、菜鸟物流等技术和服务支撑完善,为直播提供数据分析和流量支持。杭州九堡、滨江等地已形成直播产业集聚区,涵盖主播孵化、供应链选品、物流仓储全链条。政策支持方面,杭州市政府将直播电商作为数字经济的重要组成部分,推出了多项扶持政策,明确对直播电商给予税收、人才等方面支持。此外,形成了"MCN机构—云服务商—司法鉴定"产业闭环生态,全国60%的头部直播平台将法律合规团队设在杭州,与本地律师事务所、电子证据存证平台(如e签宝)形成深度合作。[①]

第二节 深圳市宝安区生产性服务业发展实践[②]

宝安区是深圳的经济大区、工业大区、外贸大区和人口大区。2024年,城区常住人口为447.6万人,产业基础较为雄厚,外向型特征明显。在全国41个工业门类、全市37个门类中,宝安有33个工业门类。在深圳"20+8"战略新兴产业和未来产业集群[③]中,宝安拥"17+2"产业集群,是国内制造业门类最齐全、链条最完整的区域之一,形成了以战略性新兴产业为先导、电子信息产业为龙头、装备制造业和传统优势产业为支撑的产业结构。

---

① 参见由锌财经和杭州文博会联合发布的《2022杭州直播电商产业发展白皮书》。
② 本节数据由作者根据实际工作中的相关研究和调研数据整理而成。
③ "20+8"产业集群,是指20个战略性新兴产业集群(简称"战新产业"):网络与通信产业、半导体与集成电路产业、超高清视频显示产业、智能终端产业、智能传感器产业、软件与信息服务产业、数字创意产业、现代时尚产业、工业母机产业、智能机器人产业、激光与增材制造产业、精密仪器设备产业、新能源产业、安全节能环保产业、智能网联汽车产业、新材料产业、高端医疗器械产业、生物医药产业大健康产业、海洋产业;8个未来产业(简称"未来产业"):合成生物、区块链、细胞与基因、空天技术、脑科学与类脑智能、深地深海、可见光通信与光计算、量子信息。

2023年，宝安区拥有制造业企业5.35万家，规模以上工业企业5102家（占全市37%），国家级高新技术企业7061家。宝安区的国家级高新技术企业数量，连续六年居全国县区级第一位，也就是说，在宝安区，平均每平方公里有18家国家高新企业，这一数字是整个粤港澳大湾区平均水平的15倍，是广东省平均水平的51倍。同时，宝安区作为制造大区，对配套生产性服务需求强劲。2023年，宝安区生产性服务业占服务业比重达36%左右，占GDP比重20%左右。

一、宝安区生产性服务业发展基本情况

（一）科学研究与技术服务

1. 行业基本情况

宝安区的科技服务业呈现质检技术服务独大，工程技术与设计服务、工业与专业设计服务两强的行业发展格局。该行业代表企业有华测检测认证集团、中国电建集团华东勘测设计研究院有限公司（深圳）两大龙头企业，以及深圳能源环保股份有限公司、深圳市特区建发海洋产业发展有限公司等支柱企业。宝安区是深圳市检验检测认证行业主要集聚区，拥有检验检测行业企业近300家，约占深圳全市的四分之一。其中，检验检测认证机构年主营业务收入1000万以上的50余家，年主营业务收入5000万至1亿元的有11家，年主营业务收入亿元以上的有5家。

2. 存在的问题

宝安区科技服务体量排名全市第六，主要集中在检验检测和建筑设计工程领域，这与全国创新百强区第二名、国家级高新技术企业数量第一区的地位不匹配，主要表现在以下两方面：一是全区科技服务业年营收达10亿元以上企业仅华测检测、中电建华东勘测2家。虽然从事检验检测、认证的企业数量较多，但规模以上的检验检测、认证机构不多，营收达1亿元以上的检验检测、认证机构仅有5家，其余均为中小微企业。二是高端检验检测服务供给不足，多数机构只能提供符合性检测，能提供专业化、一站式测试服务的机构较少。从服务领域看，50%以上的检验检测机构的主营业务集中在消费品检验检测领域，而涉及战略性新兴产业领域和生命科学、人工智能等高新技术领域的检测机构较少。

（二）信息技术服务

1. 行业基本情况

宝安区信息技术服务业整体实力较强，2021年、2022年、2023年均获评全国唯一五星级国家新型工业化产业示范基地。宝安区还引进了工业互联网创新中心、粤港澳大湾区工业互联网平台、大湾区人工智能创新中心等一批智能化服务平台，累计推进7700多家企业数字化转型。2023年，宝安区信息技术服务业实现营业收入1282.35亿元，占深圳全市营收总量的24%，同比增长106.8%，增速位列全市第一。宝安区的信息技术服务企业主要分布在西乡和新安街道，全区共有127家规模以上信息软件企业，涉及软件开发、信息服务、网络游戏等20多个细分行业。该类代表企业有深圳市腾讯天游科技有限公司、维沃移动通信（深圳）有限公司两家行业龙头企业，以及亚太卫星宽带通信（深圳）有限公司、维沃移动通信（深圳）有限公司、深圳市星业信息咨询有限公司3家市级总部企业。

2. 存在的问题

虽然宝安区信息技术服务的龙头企业拉动作用强，但其他企业规模偏小。全区拥有软件业规模以上企业127家、互联网规模以上企业19家，信息软件企业中注册资金500万元以下的企业占比达77%。2021年，深圳市软件协会组织认定的"深圳百强软件企业"名单中，宝安区的信息软件企业仅有3家入围，远低于信息软件企业在深圳全市所占14%的比重。从规模以上信息软件企业行业分类看，宝安区的主要是行业应用类软件企业，其重点优势领域不突出，产业链有待完善。

（三）产业金融

1. 行业基本情况

宝安区金融业增加值的规模较小、占比较低，在深圳全市金融业中处于第二梯队。2022年，宝安区金融业实现增加值257.43亿元，在深圳排名第4，金融业增加值占全区GDP的5.5%。宝安区金融业的发展数据高于龙岗、龙华两区，在第二梯队中优势较为明显，但相比第一梯队的罗湖区、福田区、南山区仍存在显著差距。深圳市宝安区产业投资引导基金有限公司于2015年成立，实际运营时间始于2018年，规模为30亿元。尽管该基金启动较慢、规模较小，但在母基金、天使基金、风投创投、并购基金、基础设施建设等方面发挥了良好的引领带动作用，入选风险投资研究院"2020年度中国政府引导基金TOP30"、登上清科研究中心发布的"2020年中国政府引导基金30强"榜单等。宝安区重点代表金融机构有深圳农商银行、富德财产保险、宝安融兴村镇银行、宝安桂银村镇银行。截至2024年初，深圳农商银行在全国排名第48，在全国农商银行排名第7，资产规模达5192亿元。

2. 存在的问题

（1）金融业体量差距较大。宝安区2023年金融业增加值仅为上海浦东新区的二十分之一、北京西城区的十三分之一、福田区的十分之一、罗湖区和南山区的四分之一。银行业2023年增加值198.4亿元，仅占全市6.1%，证券业增加值18.5亿元，仅占全市1.7%，保险业增加值40.3亿元，仅占全市5.1%。

（2）法人金融机构较为缺乏。宝安区仅拥有深圳农商银行等4家法人金融机构，总部金融机构较为缺乏。2021年，宝安区引进国海证券深圳第二分公司、湘财证券深圳分公司、鼎诚人寿保险深圳分公司3家市一级分支机构。宝安区私募基金管理人有37家，远低于福田区的645家、南山区的367家、罗湖区的67家，在管私募基金产品有158支，远低于福田区的4860支、南山区的2279支、罗湖区的569支，管理规模为135亿元，远低于福田区的4714亿元、南山区的2937亿元、罗湖区的829亿元。

（3）传统持牌机构以银行业为主导，金融业态丰富性不足。宝安区共有37家银行293个网点，26家证券公司38个营业部，31家保险公司90个营业部。银行业在三大传统金融业中占比近70%，成为宝安区金融业的主要组成部分。证券业、保险业大多是营业部或服务网点，难以形成投贷联动、投保联动、银证合作等不同金融业态的协同发展。

（4）宝安缺乏金融发展的先发优势和历史积淀。金融业属于严监管的行业，近年来"一行两会"新批的牌照极少，增量牌照集中在金融细分领域（如银行理财子领域）和地方金融机构。由于深圳市历史发展规划和区域发展定位等原因，金融监管部门、深圳证券交易所等基础设施及大型金融机构总部普遍落户福田区、罗湖区，南山区也已经在风投创投领域形成先发优势和规模效应，宝安区在存量金融资源的竞争上面临较大挑战。

（四）电子商务

1. 行业基本情况

2023年，宝安区跨境电商进出口额为176.68亿元人民币，同比增长

249.68%。宝安区的制造业企业主要依托亚马逊、速卖通、阿里国际站等平台开展B2B/B2C业务,深圳市正浩创新科技股份有限公司、东方丝路(深圳)科技有限公司等6家企业荣获2023年跨境电商优秀独立站项目,建立了首个国家级新零售和直播电商研究基地——国家市场监督管理总局发展研究中心新零售和直播电商研究基地(宝安),拥有智美·汇志产业园、松岗琥珀文化产业园、满京华5G直播电商基地3家重点产业园区(基地)。该类重点代表企业有影石创新科技股份有限公司、深圳市睿联技术股份有限公司、深圳市正浩智造科技有限公司、深圳市叁柒无限文化传媒有限公司、深圳市惊喜网购科技有限公司等。

2. **存在的问题**

宝安区与深圳市其他区相比,跨境电商产业规模及生态服务体系有待提升和完善。龙岗区现已形成以华南城和坂田为中心的跨境电商集聚区,有超过4000家制造业企业涉足跨境电子商务业务。南山区重点打造了前海(全球)跨境电子商务产业园、蛇口网谷两大国家级电子商务示范基地。宝安区拥有的跨境电商头部企业、明星企业较少,缺少广东省跨境电商示范企业、国家级的电子商务示范企业,未形成跨境电商集聚区,跨境电商对制造业的牵引作用不够突出。

(五)现代商贸

1. **行业基本情况**

现代商贸按国家统计局分类主要包括批发零售业,而零售以面对消费者为主。宝安区批发类企业是制造业的延伸,呈现三大类新业态,即综合性供应链类(归入现代物流与供应链)、"研发+贸易"批发类(主要包括工贸分离企业和分销商)、大宗商品交易类。2023年1—11月,批发业实现商品销售额2748.56亿元(不含贸易代理),"四上"企业[1]有1414家。其中,主要细分板块为:①矿产品、建材及化工产品批发(大宗商品交易类)实现销售额1043.54亿元,"四上企业"有350家[代表企业有深圳宏桥供应链管理有限公司、深圳承远航空油料有限公司、惠金(深圳)科技有限公司、

---

[1] "四上"企业是现阶段我国统计工作实践中对达到一定规模、资质或限额的法人单位的一种习惯称谓。包括规模以上工业、有资质的建筑业、限额以上批发和零售业、限额以上住宿和餐饮业、有开发经营活动的全部房地产开发经营业、规模以上服务业法人单位。

深圳宝诚供应链管理股份有限公司等]；②机械设备、五金产品及电子产品批发（"研发+贸易"批发类）实现销售额1122.08亿元，"四上"企业有760家[代表企业有深圳惠科光电科技有限公司、深圳科芯通讯技术有限公司、深圳市科通技术有限公司、深圳市理士新能源发展有限公司（蓄电池产品批发）等]。

2. 存在的问题

（1）缺少大规模的产业链链主企业。目前宝安区商贸业中规模最大的企业是怡亚通，规模在500亿元以上，与比亚迪供应链、比亚迪汽车销售、江西铜业、沃尔玛中国投资还存在一定差距。宝安区作为制造业大区，世界500强企业、制造业百强企业在销售公司或采购中心的设立上还有发展潜力。

（2）相比南山区依托前海综合保税区带动增长，宝安区保税贸易缺乏综合保税区带动。

（六）现代物流与供应链

1. 行业基本情况

物流行业是宝安区的传统优势产业。宝安区有A级物流企业100家，占深圳全市的34.9%（深圳市共有285家）。其中，宝安区有5A级物流企业7家、占深圳全市的35%（深圳市共有20家），有4A级物流企业66家、占深圳全市的42.58%（深圳市共有155家）。该行业重点代表企业有顺丰控股股份有限公司、运联网科技有限公司（原柏威国际）、深圳市跨越速运有限公司、深圳市涵文国际货运代理有限公司等。同时，据深圳市交通运输局统计，全市共有重点供应链服务企业超4000家，大部分集聚在罗湖区、福田区和龙岗区，行业龙头企业有深圳中外运物流有限公司（龙岗区）、深圳越海全球供应链股份有限公司（南山区）、深圳市朗华供应链服务有限公司（福田区）、深圳市九立供应链股份有限公司供应链（罗湖区）等，是深圳市进出口贸易的主力军，2023年1—9月的平均进出口额就已达200亿元级以上。相比之下，宝安区最大的供应链企业深圳市怡亚通供应链股份有限公司在深圳市全市进出口量排第42名（2023年1—9月份的进出口额58亿元），仅为深圳中外运物流有限公司的8.5%、深圳越海全球供应链股份有限公司的16%、深圳市朗华供应链服务有限公司的23%。宝安区与龙岗区虽同为制造业大区，但在物流/供应链服务业发展上的差距正在拉大，龙岗区进出口前25强企业中，有11家是物流/供应链企业，宝安区进出口25强企业中,仅有 2 家为物流/供应链企业(深圳市怡亚通供应链股份有限公司、深圳市怡达通进出口有限公司)。

2. 存在的问题

(1)国际航空货运能力有待提升。深圳机场 70% 的国际货物由外航承运,而外航国际货运定期航班时刻和临时包机时刻均较难获得,制约了外航在深圳机场运力投放速度。深圳机场国际及地区全货机周航班量仅为香港机场(1350 架次)的 20% 左右、广州机场(400 架次)的 75% 左右,尤其缺少与墨西哥和南美地区等之间的长航距航线,货运航线网络广度及密度难以满足旺盛的跨境电商货物运输需求。

(2)物流供应链资源整合能力不足。宝安区物流企业 80% 业务主要集中在运输、装卸、仓储、包装等低附加值环节,设计、采购、融资等供应链高端服务能力不足。国际贸易摩擦反复,美国、日本、英国等国家加紧实施产业回流、转移部署,部分供应链服务业务面临转移、流失挑战。

(3)机场货物通关环境有待优化。当前深圳跨境电商蓬勃发展,带电产品占比 60% 以上,航空货代企业普遍反映海关对电子产品相对严格的审查要求,可能导致深圳企业大量电子产品经由其他城市转运出口。

(4)企业多而不强,缺少揽货型大型物流龙头企业、供应链服务龙头企业。宝安区在机场等核心交通区域布局着数以千计的物流企业,但宝安区持有"国际快递业务经营许可证"经营国际物流业务的企业仅有十多家。

(5)物流用地不足,机场周边仓库紧缺。物流用地紧缺,新增物流用地规划较少,现有物流用地供给缺少保障,物流空间拓展受限。其中,宝安机场及其周边物流仓库不足,影响航空货代前置仓操作时效,对企业承揽业务造成不利影响。

(七)会展服务

1. 行业基本情况

2023 年,深圳国际会展中心累计举办展览、会议、活动总面积约为 580 万平方米,包括汽车零配件展览会、橡胶塑料展览会、糖酒商品交易会、中国国际高新技术成果交易会等 10 万平方米以上大型展会。新引进法国智奥会展集团、上海华好会展有限公司等会展类企业共 28 家,并与德国法兰克福、法国智奥签订合作框架协议。宝安区的该行业的代表企业有深圳市环悦会议展览有限公司(以下简称"易尚展示")、深圳市坐岗中亚电子博览中心股份有限公司（以下简称"启展展览"）、深圳市华巨臣国际会展集团有限公司、深圳市易尚展示股份有限公司、深圳市启辰展览展示策划有限公司、深圳贺戎博闻展览有限公司等。

2. 存在的问题

（1）缺乏会展龙头企业。目前国际会展中心周边多以喷绘印刷、展台搭建、物流配送等下游产业配套为主，上中游产业仅有易尚展示、启辰展览等10家规模以上企业，不能有效支撑会展产业快速发展。

（2）周边配套便利性不足。宝安区的国际高端文化、服务资源集聚程度不够、缺乏具有国际影响力的配套服务体系和文化展示平台。高端商业业态匮乏，商业设施招商困难。

（3）会展片区商圈发展仍较乏力。商圈各组团的空间分散且交通通达性有待提高。会展片区汇聚消费人气不足，会展周边星级酒店平时入住率一般维持在30%左右，只在举办大型展会时会满员。

（八）安全节能环保

1. 行业基本情况

安全节能环保产业集群是宝安区五大千亿级产业集群之一，增加值超百亿元，产业规模位居全市第一。宝安区拥有行业规模以上企业609家、上市企业2家、专精特新"小巨人"企业10家。宝安区节能环保服务业行业的重点企业以国有企业及其下属平台公司为主，如中电建水环境科技有限公司、中节能可再生能源有限公司、深圳能源资源综合开发有限公司等。

2. 存在的问题

一是节能环保服务业在规模和安全节能环保产业集群规模差距悬殊，节能环保服务业占整个产业集群的规模比例较小，整体发展水平有待提升。二是行业规模以上企业业务主要分布于环境监测、污水处理和水污染治理及再生物资回收批发等较为低端和政府主导性较强的领域，在节能技术和产品开发、节能咨询服务等附加值较高的领域缺少代表性企业。

（九）其他生产性服务业

会计财务服务、法律服务、人力资源服务等其他生产性服务业在宝安区的规模较小，还处于起步发展阶段。宝安区拥有会计师事务所45家，占全市总量（359家）的12.5%，2022年财务服务行业营收额为11508万元，占深圳全市总额的2.1%。国内排名前二十的会计师事务所深圳分所都布局在福田区、罗湖区、南山区等，尚未在宝安区布局。截至2023年底，宝安区共有律师事务所150家（占深圳全市律所总量的11.7%），共有执业律师1440人（仅占深圳全市律师总人数的5.8%），与福田区、南山区存在显著差距。

二、宝安区生产性服务业发展战略考量

随着粤港澳大湾区建设、前海深港现代服务业合作区（以下简称"前海合作区"）"扩区"等重大国家级战略纵深推进，宝安区成为现代服务业发展的前沿阵地，并首次被划入深圳都市圈核心区，成为100公里"黄金内湾"重要组成部分，宝安区已逐渐形成人才流、信息流、贸易流、创新流等多流"中心汇聚"之势。宝安区有82.75平方公里被纳入前海自贸区，前海自贸区面积有2/3在宝安区，"双15%"税率优惠政策覆盖前海全域，强劲赋能前海宝安片区现代服务业发展。随着环珠江口一体化方案加快实施，未来宝安区有望全域纳入自贸区，宝安区发展生产性服务业迎来政策红利期。因此，围绕前海宝安新扩片区，加强对生产性服务业的空间布局谋划至关重要。

（一）以"三带三心多点"[①] 统筹布局生产性服务业发展

1. 推动以"三带"为主的产业梯次建设

（1）生产性服务业务主承载带，即沿宝安大道、松福大道以东的前海宝安片区。该片区生产生活环境俱佳、交通便利、条件得天独厚，享受前海合作区政策，15%所得税优惠政策全覆盖，是宝安区发展生产性服务业的核心区。

（2）生产性服务业务融合发展带，其主要范围为广深高速以西（不包含前海宝安片区）。该片区主要覆盖西乡、航城、福永、福海、沙井，服务业和制造业基础好，且未来产业服务业化趋势明显，是宝安区能够统筹规划和重点打造的主阵地。

---

① "三带"包括主承载带、融合发展带和拓展带，"三心"包括宝安中心区（包括大铲湾）、空港片区、会展海洋片区，"多点"包括石岩湖科创城、九围国际总部区、环立新湖先进制造业研发总部等。

(3) 生产性服务业务拓展发展带,其主要范围为广深高速公路以东区域。该片区主要覆盖石岩、燕罗、松岗、新桥,是生产性服务业赋能制造业的主力。

2. 推动以"三心"为核心的重点片区建设

(1) 宝安中心区(包括大铲湾):位于深港穗黄金经济走廊的重要节点,是宝安区的文化、商业、商务、总部经济和体育中心。围绕宝安中心区打造以金融、总部、数字经济为主的集聚区,既符合宝安中心区的功能地位,又符合这些业态对高品质配套服务和便利交通的要求,更易于形成与制造基地的联动效应。

(2) 空港片区:拥有海陆空一体的综合交通枢纽,交通优势得天独厚,物流、供应链、跨境电商等产业是空港片区可重点培育的经济业态,并以此带动国际跨国公司总部、检验检测、飞机融资租赁、供应链金融等业态发展。

(3) 会展海洋片区:随着"会展+"战略实施和海洋新城的加快建设,会展海洋片区已经成为宝安区的新名片。未来,与海洋和会展相关的海洋金融、海洋保险、远洋运输、会展服务、产品展示交易服务平台等生产性服务业态将大量涌现,人工智能、云计算、大数据等数字经济技术可以与会展经济充分结合,拓展数字经济新场景、新模式,提升以云上会展为主的线上会展平台服务能级。

3. 推动以"多点"为重点的载体建设

围绕物流与供应链、总部经济、产业金融、数字经济、专业性服务业(如检验检测、会计、法律、知识产权保持等)开展若干专业平台、专业园区建设,重点推动石岩湖科创城、九围国际总部区、环立新湖先进制造业研发总部、尖岗山和大铲湾软件专业产业园等建设,形成重点项目清单,逐步推动建设,加快生产性服务业集聚发展。

(二)推动宝安区生产性服务业高质量发展的可行路径

全面落实深圳市委市政府"五个中心"重要部署,围绕制造链部署服务链,紧密协同前海合作区,聚焦大平台、大企业、大枢纽、大空间"四个关键",加快形成以生产性服务业为主,创新内核高能、头部企业高度集聚、要素资源高密汇聚、品牌高端牵引,深度融入全国全球的服务生态系统,全力推动"三个转变",即由传统服务业向知识密集型服务业转变、由配套服务功能向引领制造转型转变、由服务本地向服务区域和服务全球转变。

1. 做大做强物流和供应链产业

（1）加大对物流、供应链产业政策支持力度和15%所得税政策指引，重点吸引东莞市路迪森宝供应链管理有限公司等供应链服务行业龙头企业在宝安区注册。打造区域性综合型物流平台，大力扶持顺丰等供应链龙头企业构建串联宝安区物流资源的区域性综合型物流平台，建设智慧物流体系。

（2）加快空港型国家物流枢纽和生产服务型国家物流枢纽建设。依托宝安国际机场优势，构建全球跨境电商快邮集散中心、航空货运库、国际物流功能区等服务设施体系。加强生产服务型国家物流枢纽（松岗潭头）物流集成、供应链一体化等功能。加快申报空港综合保税区，大力发展保税物流、保税研发、保税融资租赁、保税展示交易等业务。

（3）打造国际高端航运服务集聚区。推动大铲湾港区高标准智慧化开发建设，联合前海合作区探索大铲湾片区航运金融、航运保险、航运法务、航运信息服务等高端服务业态培育路径。推动完善"站到站"和"门到门"的全流程、定制化航运服务模式，以多式联运为桥梁，完善拓展"散改集""陆转水"模式。

（4）鼓励建设高端标准仓库、智慧立体仓储等新型智能物流设施体系，加快在中山市、江门市、东莞市等临深片区建设异地仓储设施，支持企业主动引入先进适用的数字化手段，以及智能仓储机器人拣运系统、智能机械臂等现代物流装备，对采购、运输、仓储、配送、加工、装卸等领域进行数字化改造和智慧化升级。

2. 做大做强总部经济

（1）明确总部经济发展导向。以先进制造业和生产性服务业为核心的，重点支持综合性总部和企业研发中心、营销中心、全球供应链和采购中心、全球财务管理和结算中心等功能性总部落地。

（2）适当下调总部企业落户门槛，建立更符合宝安区发展实际的区级总部企业认定条件和标准。目前，宝安区在总部企业认定上采用深圳市的认定标准，该标准的门槛较高。而南山区、福田区、前海区均出台了具体的总部企业扶持政策，且对总部企业的认定标准均低于深圳市的认定门槛标准，对企业总部的吸引力更胜一筹。

（3）加快总部经济集聚区建设。统筹打造"宝中+九围+机场东+环立新湖"总部群落，不断优化空间承载和配套服务，打造集个人事务、企业服务、咨询服务、交流融合等于一体的"一站式"综合性服务平台，为总部企业提供全方位、高品质服务。

(4) 增强总部经济辐射能力和协同作用。积极探索与中山、江门、珠海等城市的合作机制，通过"总部研发+制造基地"等模式，提高宝安区在珠江三角洲地区的集聚能力。

3. 做大做强产业金融

(1) 构建具有宝安特色的产业金融业态体系。重点吸引风投创投、供应链金融、金融科技、融资租赁等机构集聚发展，支持发展绿色金融、海洋金融，形成与工业互联网相结合的产业金融体系。完善政府引导基金的激励约束、容错免责、运作、监管和绩效评价管理模式，设立概念验证基金、种子基金等，以政府投资撬动社会资本投早、投小、投长期、投硬科技。

(2) 以大型企业金融板块落地为突破口，加大招商引资力度。宝安区有不少企业背后的金融板块实力十分强大，如华润集团有华润金控、华润银行、华润信托、华润资产等金融机构，腾讯旗下有腾讯投资、财付通金融云、汽车金融优信等，建议作为重点招商引资对象。

(3) 加强与前海的政策联动。充分利用前海跨境金融投融资政策，支持存量金融企业扩展跨境金融业务，做大存量。推动前海金融支持政策与宝安政策叠加，形成"1+1＞2"的招商效果。

(4) 搭建平台壮大金融业。举办高水平金融博览会、论坛，争取金融监管部门支持，助力招商引资。以金融超市为基础，通过开放政务数据和利用金融科技，给企业与金融机构提供便利，政府做好扶持政策对接。

4. 做大做强以数字科技为核心的数字经济

(1) 推动工业互联网从平台建设向加速赋能升级。依托腾讯 WeMake 工业互联网、粤港澳大湾区工业互联网公共技术服务平台等，探索工业互联网供给新机制。瞄准重点行业细分领域、中小企业共性痛点，引育一批专注低成本、易部署、易运维产品的数字化转型解决方案提供商，推动工业互联网产品向轻量化、模块化产品转型，扩大精准务实的工业互联网资源池。分类构建应用场景示范牵引模式，培育工业互联网车间级、工厂级、园区级应用示范标杆，引领带动更多企业上云上平台。围绕重点产业集群组建龙头企业、行业协会、工业互联网企业联合体，探索"大型企业建平台、中小企业用平台"的"链式"应用推广模式。基于工业互联网探索工业大模型在产品研发、生产管控等全链条全场景的应用。

(2) 支持人工智能产业规模化发展。充分发挥人工智能创新引领与赋能作用,建设多层次智能算力供给体系,探索打造粤港澳大湾区一体化算力服务平台宝安中心等高能级平台,加快建设华为(深圳)全球具身智能产业创新中心,谋划建设大模型开发者创新中心,以开放应用场景集聚知名基础大模型厂商。探索"AI+千行百业"实施路径,打造一批人工智能产业示范园区,鼓励园区联合组建、运营"超级联合园区",率先围绕工业制造、具身智能等领域打造一批特色行业级应用,加快突破在智慧教育、智慧医疗、智能交通、智慧能源等领域的推广应用,依托腾讯等龙头企业,聚焦数字消费发展游戏、社交、智能办公等 AI 软件,打造全域全时人工智能应用示范,打造人工智能先锋区。

(3) 加速物联网赋能千行百业。利用智能网联汽车发展为契机,推动物联网的发展与应用,着力推进数据共享机制,推动制造业转型升级、城市治理智能化、民生服务智慧化,提升数据资源的使用效率。

(4) 深化与腾讯等头部数字企业合作。加快建设一批市级以上的工业软件、基础软件适配验证平台。鼓励大型制造企业剥离软件业务,推动企业向基础软件等上游业务攀升,形成体系化服务能力。同时,打造深圳乃至粤港澳大湾区的数字科技超级应用场景,吸引一批数字科技公司落户。

5. 做大做强专业服务业

(1) 做强检验检测。大力引入国际级检测认证机构,着力培育具有国际影响力的检验检测知名品牌。聚焦重点产业集群的高水平检验检测需求,重点引入欧美、新加坡等地一流企业来宝安区设立亚洲总部或子公司。聚焦战略新兴产业领域,加快建设公共重点实验/检测平台、公共实验检测服务平台,支持龙头企业开放实验室和检测资源。

(2) 做大会展经济规模。充分利用前海政策,吸引一批国际知名展会机构落户。积极把握深圳市的会展资源向西聚集趋势,构建产业集群展示、批发、物流、国际贸易一体化运营产业链。加强国际会展中心周边配套建设,提高参展商交通、食宿的体验。

(3) 配合前海实施"全球服务商"计划。积极招引全球前 50、中国前 20 的知名服务机构。支持前海合作区的联营律师事务所、国际会计师到宝安区来扩展服务,为专业服务机构提供更多业务场景。

6. 探索电商带动产业发展的宝安路径

(1) 探索促进跨境电商规模化发展模式。畅通物流牵引电商、电商带动制造的大循环,建设全球跨境电商集散中心,支持福永意库、智美·汇志打造国家级、省级电子商务示范基地，联合前海合作区精准招引龙头跨境电商平台企业。健全全链条跨境电商国际物流体系，推动跨境电商企业布局海外仓、独立站，完善企业阳光化申报、合规化经营、便捷化监管机制。建立产业链、内外贸牵引力强的大型电商平台培育机制，全方位服务制造业设计、生产、流通等环节，发展以消费需求为导向的反向定制新业态。

（2）探索便捷高效的"关检汇税"服务体系。配合前海合作区加快推进空港综合保税区申报事宜，将其打造为临空产业特色鲜明、高端贸易业态丰富的海关特殊监管区域。推动在宝安机场开展带电池、弱磁、化妆品等货物跨境运输试点，推动优化压缩带电货物等特殊出港货物的收运流程，提升机场口岸出运效率。建立跨境电商与大型金融机构联动机制，打通支付结算等堵点问题，推动供应链金融企业探索订单融资模式。联合前海合作区探索跨境电商税收政策优惠改革试点，推动将跨境电商纳入前海合作区的企业所得税优惠目录，根据不同类型企业的税务需求，建立精准化个性化的税务辅导机制，促进企业"买全球、卖全球"。

（3）探索直播赋能产业发展新模式。探索推广"工厂直播""电商+直播"等模式，引入国内外知名网红到宝安企业开展"探厂"直播，借力网红流量深度赋能优势产业，支持企业建立直播电商营销体系。打造直播电商示范基地，建设直播人才集聚区，设立直播电商学院，打造设计、生产、服务、管理、营销等全流程直播产业生态体系。

7. 加强人才培养和引进保障

（1）增强人才政策透明度。建议构建以人为中心的人才政策，减少人才政策搜索成本，提高人才对宝安区人才政策的知晓度，使人才政策得到落实，充分发挥其人才吸引力。

（2）拓宽人才培养途径。针对不同类型生产性服务业从业人员的特点，开展多层次、多形式的岗位职业培训，积极吸引和聘用国内外高级人才，着力培育一批信息服务、科技服务、金融服务、现代物流、专业服务等重点领域的复合型人才。

（3）加强人才的住房保障和子女教育保障。将高成长性企业纳入人才住房保障对象单位名单，防止潜力企业流失。加快引进优质教育资源，特别是在大面积实施土地整备的区域，同步开展优质教育资源引进。

8. 做好《前海深港现代服务业合作区总体发展规划》对接保障

按照《前海深港合作区企业所得税优惠目录（2021版）》，宝安片区的现代物流业、信息服务业、科技服务业、文化创意产业、商务服务业五大类30项产业得以享受政策利好。特别是近年来新纳入该优惠目录的区块链、AR（增强现实技术）和 VR（虚拟现实）、人工智能、智能穿戴等信息技术研发与服务，以及会议展会等优势产业，与宝安区现在大力发展的"17＋2"战新产业集群方向契合度高。第一，与前海共同研究、梳理前海深港现代服务业合作区总体发展规划的任务清单，推动企业所得税优惠、前海创新政策在宝中、空港和会展海洋片区快速落地、生根、开花结果。第二，提前与前海合作区共同梳理市级以上可能下放的事权清单，做好事权下放对接工作，在最大程度上为企业生产经营提供便利。第三，提前梳理一批新政策示范应用场景，争取在新规公开发布时，宝安片区率先实现落地新政策"第一单"案例。

第七章　主要结论与政策建议

本书以促进城市经济高质量发展为导向，以城市产业结构优化和城市绿色全要素生产率增长为视角，以不同层级城市的产城协调发展为考量，从理论机理层面和实证分析层面，深入研究了不同层级城市生产性服务业集聚的产业结构优化效应和绿色全要素生产率增长效应，以期为不同层级城市实施差异化的生产性服务业发展策略提供理论和现实依据。

第一节　主要结论

一、城市层级体系视角

城市层级体系视角下，不同行业类型生产性服务业的不同发展模式形成的产业结构优化效应和绿色全要素生产率增长效应，在不同规模等级城市间存在明显差异。这意味着，为加快城市经济增长质量提升，不同层级城市应以结构优化和效率提升为导向，选择差异化的生产性服务业发展模式和行业类型。

（一）中小城市

（1）中低端生产性服务业专业化集聚对产业结构高级化具有促进作用，对产业结构合理化具有抑制作用；多样化集聚模式和高端生产性服务业集聚，对中小城市而言，均不利于其产业结构合理化与高级化。

（2）中小城市的高端生产性服务业集聚不利于绿色全要素生产率的提升，而中低端生产性服务业专业化集聚能够促进绿色全要素生产率的增长。

（二）Ⅱ型大城市

（1）中低端生产性服务业的多样化集聚和高端生产性服务业的专业化集聚能同时促进产业结构合理化与高级化，而高端生产性服务业多样化集聚在Ⅱ型大城市不利于其城市产业结构优化。

（2）Ⅱ型大城市的高端生产性服务业专业化集聚能促进绿色全要素生产率增长，但多样化集聚效应显著为负；中低端生产性服务业多样化集聚在Ⅱ型大城市，存在正向的绿色全要素生产率增长效应。

（三）Ⅰ型大城市

（1）高端生产性服务业专业化集聚既能促进产业结构合理化，又能促进产业结构高级化，且对产业结构高级化的促进效应更强；而高端生产性服务业多样化集聚能促进产业结构合理化，对产业结构高级化的促进效应尚不明显；中低端生产性服务业多样化集聚能促进产业结构合理化，但对产业结构高级化的影响不显著。

（2）高端生产性服务业两种集聚模式在Ⅰ型大城市均能促进绿色全要素生产率的提升，且其专业化集聚效应强于多样化集聚效应；中低端生产性服务业在Ⅰ型大城市的专业化集聚效应显著为负，多样化集聚效应不显著。同时，在Ⅰ型大城市，环境规制与高端生产性服务业多样化集聚的交互效应有利于城市经济增长质量的提升。

（四）超大及特大城市

（1）高端生产性服务业集聚能有效促进产业结构合理化与高级化，且其多样化集聚的促进效应明显强于专业化集聚的促进效应；中低端生产性服务业的专业化集聚抑制产业结构合理化，其多样化集聚有利于产业结构合理化，但不能促进产业结构高级化。

（2）高端生产性服务业两种集聚模式在超大及特大城市均能促进绿色全要素生产率的提升，且高端生产性服务业多样化集聚的效应更强；而中低端生产性服务业在超大及特大城市的专业化集聚效应显著为负，多样化集聚效应不显著。环境规制与高端生产性服务业多样化集聚的交互效应有利于绿色全要素生产率增长。同时，行政级别较高的城市高端生产性服务业多样化集聚效应具有明显领先优势。

二、城市群空间溢出效应视角

从长江经济带三大城市群生产性服务业集聚的空间溢出效应看，实证结果佐证了区域合作模式分别处于"布局合作""要素合作"与"制度合作"阶段的不同城市群的生产性服务业集聚效应在提升城市绿色全要素生产率中存在着明显差异。

（1）长江三角洲城市群生产性服务业多样化集聚和专业化集聚模式均存在显著的正向直接效应与间接效应，即处于制度合作阶段的城市群生产性服务业集聚不仅有利于本地城市绿色全要素生产率提升，还能促进周边城市绿色全要素生产率增长，表现为明显的"扩散效应"。

（2）长江中游城市群生产性服务业专业化集聚和多样化集聚的绿色全要素生产率增长直接效应为正，但生产性服务业专业化集聚的间接效应不显著，多样化集聚的间接效应为负，即一个城市可以提升自身的城市绿色全要素生产率，但对周边地区存在"虹吸效应"。

（3）成渝城市群生产性服务业专业化集聚不仅能提升本地的绿色全要素生产率，还有利于提升周边城市的绿色全要素生产率；而多样化集聚模式仅能促进本地的绿色全要素生产率增长，其空间溢出效应不显著。

（4）从空间溢出效应的其他因素看，城市绿色全要素生产率增长不仅与本地的环境规制强度、基础设施水平、人力资本有关，还与城市群内邻近城市的相关因素有关。

第二节 政策建议

基于研究结论，本书为依托生产性服务业促进城市经济高质量发展提供以下六大政策建议。

一、中小城市生产性服务业发展路径

中小城市生产性服务业发展应以服务于当地制造业为前提，科学规划中低端生产性服务业的专业化集聚发展。其一，应重视当地制造业与特色产业的发展，警惕生产性服务业集聚对当地制造业发展形成"挤出效应"。中小城市应在确保制造业专业化发展规模的基础上，有选择性地推进中低端生产性服务业专业化集聚，提高生产性服务业与当地制造业产业间的协调关联程度。其二，在经济服务化浪潮下，中小城市的产业发展重点应以提升城市经济增长质量为目标，切忌盲目追求产业结构高级化，而忽视产业结构合理化。值得注意的是，如果一味追求产业结构高级化、忽视产业结构的合理性，在短期内可能可以促进城市经济增长，但由于产业结构失衡，这种经济增长效应会逐渐消失，甚至引发一系列经济问题，因此，只有建立在合理化基础上的高级化，才能实现产业结构优化的最终目标。

二、Ⅱ型大城市生产性服务业发展路径

对于Ⅱ型大城市，应在兼顾中低端生产性服务业多样化集聚的同时，推进高端生产性服务业专业化集聚。一方面，应加速人才、资本、技术等互补性生产要素的自由流动，通过深化产业分工，发挥产业链中不同企业的比较优势，强化产业间横向纵向的经济关联与分工协作，提高要素资源在中低端生产性服务业行业间的耦合程度和配置效率；另一方面，Ⅱ型大城市应以当地制造业发展需求和城市要素供给能力为依据，选择适宜的高端生产性服务业进行专业化集聚，培育生产性服务业对制造业高端化发展的精准支撑能力。

三、Ⅰ型大城市生产性服务业发展路径

对于Ⅰ型大城市，现阶段应侧重于高端生产性服务业专业化集聚，塑造以技术、标准、质量、品牌为核心的专业化优势，在提升高端生产性服务业专业化水准的基础上，为高端生产性服务业行业间协同创新效应的发挥开拓空间。其一，应加强专业化人力资本积累，通过市场需求和要素供给共同推进高端生产性服务业专业化集聚；其二，应营造公平有序的市场竞争环境，激励行业内技术创新，将更专业化的高附加值中间服务嵌入制造业生产环节和产业价值链中，推动制造业由低技术、低附加值向高技术、高附加值方向转变；其三，应强化高端生产性服务业对中低端生产性服务业的行业渗透能力，通过行业间的深度融合与协同发展，促进传统中低端生产性服务业的现代化转型；其四，应将部分中低端生产性服务业适度向周边中小城市及Ⅱ型大城市梯度转移，优化城市资源配置结构。

四、超大及特大城市生产性服务业发展路径

超大及特大城市应抓住窗口机会,重点推进高端生产性服务业多样化集聚,充分释放高端生产性服务业行业间协同创新效应带来的溢出红利,发挥生产性服务业引领制造业抢占未来产业竞争制高点的重要作用。其一,应加快建设高端生产性服务业多样化发展的产业集聚区,推进高端生产性服务业与先进制造业在产业价值链关键环节实现深度融合。围绕产业链部署创新链,发挥高端生产性服务业供给层面的创新引领作用,基于新技术、新业态、新模式,推动关键技术突破性创新、新产品孵化和新行业涌现。其二,应着力优化城市创新生态系统,为异质性知识技术的跨界融合提供更多支撑平台和制度供给,从而提升高端生产性服务业行业间协同创新能力。其三,应进一步完善城市人力资本体系建设,为高端生产性服务业多样化发展提供人才支撑。一方面,应加大对生产性服务业领军人才、高层次复合型人才的引进力度;另一方面,应优化人才培养模式,推动高校、科研院所与企业联合培养复合型人才。其四,应以"数字化"促进中低端生产性服务业"高端化"发展,为物联网、大数据、云计算、人工智能在中低端生产性服务业的应用提供更多场景。同时,应将部分中低端生产性服务业向地理邻近的Ⅱ型大城市及中小城市适度转移。此外,超大及特大城市还应以"平台城市"思维提升其生产性服务业对周边非核心城市的辐射带动能力,强化不同层级城市间的投入与产出联系及主辅关系,使更多微观主体获得成本降低和知识溢出的正外部性。

五、构建环境规制与产业集聚的协调联动机制

要促进环境规制政策与高端生产性服务业多样化集聚的协调联动机制,发挥集聚经济对节能减排和效率提升的积极作用。一方面,在环境规制趋紧背景下加快知识产权保护体系建设,疏通制造业转型升级对高端生产性服务业行业间协同创新的倒逼机制,为高端生产性服务业人才、信息、知识和技术等创新要素的跨界融合开拓空间,激励绿色技术创新与管理制度创新;另一方面,依托高端生产性服务业多样化集聚的行业间知识溢出效应,通过"科技+金融""互联网+"等创新元素来推进以碳金融市场为代表的绿色

金融创新，助力碳排放交易、排污权交易等市场激励型环境规制政策工具的设计与完善，促进环境规制的绿色全要素生产率增长。此外，还应进一步优化环境规制有关制度，健全产业集聚的转移承接机制，防范污染产业梯度转移。

六、构建城市圈、经济带的产业协作网络

推进地理邻近的不同层级城市的生产性服务业空间梯度化发展和网络化布局，形成核心城市与周边非核心城市的职能合理划分、各具特色、优势互补的产业协作网络。其一，应依托"生产性服务业—制造业"新"核心—边缘"结构，打造不同层级城市间研发创新、加工制造、配套服务的完整化产业链条，增强空间邻近的不同层级城市间的产业关联度及互补性。其二，应加强制度层面的城际合作机制建设，改善城市间知识、技术和信息交流共享的长效机制，促进区域经济一体化发展。一方面，应以创新区域一体化政策为前提，以战略性服务设施空间布局为抓手，从制度层面促进区域合作模式升级。通过成立跨区域协调机构完善协作机制，着力建设开放的跨地理边界的城市网络，助推创新要素跨区域跨行业流动；另一方面，应建立"人才—平台—制度"三位一体的城际产业合作支持体系，为产业高质量发展提供政策支持。

参 考 文 献

蔡昉, 2013. 中国经济增长如何转向全要素生产率驱动型 [J]. 中国社会科学 (1): 57-72.

蔡乌赶, 周小亮, 2017. 中国环境规制对绿色全要素生产率的双重效应 [J]. 经济学家 (9): 29-37.

曹聪丽, 陈宪, 2019. 生产性服务业发展模式、结构调整与城市经济增长: 基于动态空间杜宾模型的实证研究 [J]. 管理评论, 31 (1): 15-26.

钞小静, 任保平, 2011. 中国经济增长质量的时序变化与地区差异分析 [J]. 经济研究 (4): 27-41.

陈晨, 张广胜, 2020. 国家创新型城市政策、高端生产性服务业集聚与地区经济高质量发展 [J]. 财贸研究, 31 (4): 36-51.

陈诗一, 陈登科, 2018. 雾霾污染、政府治理与经济高质量发展 [J]. 经济研究 (2): 22-36.

陈喜强, 邓丽, 2019. 政府主导区域一体化战略带动了经济高质量发展吗?: 基于产业结构优化视角的考察 [J]. 江西财经大学学报 (1): 43-54.

程中华, 李廉水, 刘军, 2017. 生产性服务业集聚对工业效率提升的空间外溢效应 [J]. 科学学研究 (3): 364-378.

单豪杰, 2008. 中国资本存量K的再估算: 1952—2006年 [J]. 数量经济技术经济研究 (10): 17-31.

傅京燕, 胡瑾, 曹翔, 2018. 不同来源FDI、环境规制与绿色全要素生产率 [J]. 国际贸易问题 (7): 134-148.

干春晖, 郑若谷, 余典范, 2011. 中国产业结构变迁对经济增长和波动的影响 [J]. 经济研究 (5): 4-16.

郭美晨, 杜传忠, 2019. ICT提升中国经济增长质量的机理与效应分析

[J]. 统计研究, 36 (3): 3-16.

郭淑芬, 裴耀琳, 吴延瑞, 2020. 生产性服务业发展的产业结构调整升级效应研究: 来自中国 267 个城市的经验数据 [J]. 数量经济技术经济研究, 37 (10): 46-63.

韩峰, 洪联英, 文映, 2014. 生产性服务业集聚推进城市化了吗? [J]. 数量经济技术经济研究, 31 (12): 3-21.

韩峰, 谢锐, 2017. 生产性服务业集聚降低碳排放了吗?: 对我国地级及以上城市面板数据的空间计量分析 [J]. 数量经济技术经济研究, 34 (3): 40-58.

韩峰, 王琢卓, 阳立高, 2014. 生产性服务业集聚、空间技术溢出效应与经济增长 [J]. 产业经济研究 (2): 1-10.

韩峰, 阳立高, 2020. 生产性服务业集聚如何影响制造业结构升级?: 一个集聚经济与熊彼特内生增长理论的综合框架 [J]. 管理世界 (2): 72-90.

韩晶, 孙雅雯, 陈超凡, 等, 2019. 产业升级推动了中国城市绿色增长吗? [J]. 北京师范大学学报 (社会科学版), 273 (3): 140-152.

韩永辉, 黄亮雄, 王贤彬, 2016. 产业结构优化升级改进生态效率了吗? [J]. 数量经济技术经济研究, 33 (4): 40-59.

郝颖, 辛清泉, 刘星, 2014. 地区差异、企业投资与经济增长质量 [J]. 经济研究 (3): 103-116.

贺晓宇, 沈坤荣, 2018. 现代化经济体系、全要素生产率与高质量发展 [J]. 上海经济研究 (6): 25-34.

黄斯婕, 张萃, 2016. 生产性服务业集聚对城市生产率的影响: 基于行业异质性视角 [J]. 城市发展研究, 23 (3): 118-124.

惠宁, 周晓唯, 2016. 分项生产性服务业集聚与产业结构升级: 来自省级经济数据的实证分析 [J]. 西北大学学报 (哲学社会科学版), 46 (4): 94-99.

惠炜, 韩先锋, 2016. 生产性服务业集聚促进了地区劳动生产率吗? [J]. 数量经济技术经济研究, 33 (10): 37-56.

金晓雨, 2015. 中国生产性服务业发展与城市生产率研究 [J]. 产业经济研究 (6): 32-41.

金碚, 2018. 关于"高质量发展"的经济学研究 [J]. 中国工业经济 (4): 5-18.

柯善咨，夏金坤，2010. 中原城市群的集聚效应和回流作用 [J]. 中国软科学（10）：93–103.

李斌，祁源，李倩，2016. 财政分权、FDI 与绿色全要素生产率：基于面板数据动态 GMM 方法的实证检验 [J]. 国际贸易问题（7）：119–129.

李辉，2019. 大数据推动我国经济高质量发展的理论机理、实践基础与政策选择 [J]. 经济学家（3）：52–59.

李金昌，史龙梅，徐蔼婷，2019. 高质量发展评价指标体系探讨 [J]. 统计研究，36（1）：4–14.

李敏杰，王健，2019. 外商直接投资质量与中国绿色全要素生产率增长 [J]. 软科学，33（9）：13–20.

李娜娜，杨仁发，2019. FDI 能否促进中国经济高质量发展？[J]. 统计与信息论坛，34（9）：35–43.

李筱乐，2014. 政府规模、生产性服务业与经济增长：基于我国 206 个城市的面板数据分析 [J]. 国际贸易问题（5）：107–114.

林秀梅，曹张龙，2019. 生产性服务业空间集聚对产业结构升级影响的非线性特征：基于中国省级面板数据的实证研究 [J]. 经济问题探索（6）：128–134.

林秀梅，曹张龙，2020. 中国生产性服务业集聚对产业结构升级的影响及其区域差异 [J]. 西安交通大学学报（社会科学版），40（1）：30–37.

刘华军，李超，彭莹，2018. 中国绿色全要素生产率的地区差距及区域协同提升研究 [J]. 中国人口科学，187（4）：32–43.

刘思明，张世瑾，朱惠东，2019. 国家创新驱动力测度及其经济高质量发展效应研究 [J]. 数量经济技术经济研究，36（4）：3–23.

刘奕，夏杰长，李垚，2017. 生产性服务业集聚与制造业升级 [J]. 中国工业经济（7）：24–42.

刘志彪，凌永辉，2020. 结构转换、全要素生产率与高质量发展 [J]. 管理世界，36（7）：15–29.

马茹，张静，王宏伟，2019. 科技人才促进中国经济高质量发展了吗？：基于科技人才对全要素生产率增长效应的实证检验 [J]. 经济与管理研究（5）：3–12.

马茹，罗晖，王宏伟，等，2019. 中国区域经济高质量发展评价指标体系及测度研究 [J]. 中国软科学（7）：60–67.

梅志雄，徐颂军，欧阳军，等，2012. 近20年珠三角城市群城市空间相互作用时空演变［J］. 地理科学，32（6）：694-701.

蒲晓晔，JARKO F，2018. 中国经济高质量发展的动力结构优化机理研究［J］. 西北大学学报（哲学社会科学版），48（1）：113-118.

沈可挺，龚健健，2011. 环境污染、技术进步与中国高耗能产业：基于环境全要素生产率的实证分析［J］. 中国工业经济（12）：25-34.

师博，任保平，2018. 中国省际经济高质量发展的测度与分析［J］. 经济问题（4）：1-6.

随洪光，2013. 外资引入、贸易扩张与中国经济增长质量提升：基于省际动态面板模型的经验分析［J］. 财贸经济，34（9）：85-94.

孙斌栋，丁嵩，2016. 大城市有利于小城市的经济增长吗？：来自长江三角洲城市群的证据［J］. 地理研究，35（9）：1615-1625.

孙东琪，张京祥，胡毅，等，2013. 基于产业空间联系的"大都市阴影区"形成机制解析：长江三角洲城市群与京津冀城市群的比较研究［J］. 地理科学，33（9）：1043-1050.

孙久文，张可云，安虎森，等，2017. "建立更加有效的区域协调发展新机制"笔谈［J］. 中国工业经济（11）：26-31.

田素华，李筱妍，王璇，2019. 双向直接投资与中国经济高质量发展［J］. 上海经济研究（8）：25-36.

涂正革，2008. 环境、资源与工业增长的协调性［J］. 经济研究（2）：93-105.

汪锋，解晋，2015. 中国分省绿色全要素生产率增长率研究［J］. 中国人口科学（2）：53-62.

王涛，曾菊新，2014. 长江中游城市群城际竞合空间格局分析：基于城市竞争力与空间相互作用的视角［J］. 热带地理，34（3）：390-398.

王燕，孙超，2019. 产业协同集聚对产业结构优化的影响：基于高新技术产业与生产性服务业的实证分析［J］. 经济问题探索（10）：146-154.

王志博，2019. 中国区域经济实现高质量发展的思路和政策：基于高质量发展的评价指标体系构建与分析［J］. 全国流通经济（6）：86-87.

魏敏，李书昊，2018. 新时代中国经济高质量发展水平的测度研究［J］. 数量经济技术经济研究，35（11）：3-20.

温婷, 2020. 生产性服务业集聚、空间溢出与产业结构升级: 基于全国 239 个地级城市的实证检验 [J]. 科技管理研究, 40 (21): 143-153.

席强敏, 陈曦, 李国平, 2015. 中国城市生产性服务业模式选择研究: 以工业效率提升为导向 [J]. 中国工业经济 (2): 18-30.

徐从才, 丁宁, 2008. 服务业与制造业互动发展的价值链创新及其绩效: 基于大型零售商纵向约束与供应链流程再造的分析 [J]. 管理世界 (8): 83-92.

徐现祥, 李书娟, 王贤彬, 2018. 中国经济增长目标的选择: 以高质量发展终结"崩溃论" [J]. 世界经济, 41 (10): 3-25.

宣烨, 余泳泽, 2017. 生产性服务业集聚对制造业企业全要素生产率提升研究: 来自 230 个城市微观企业的证据 [J]. 数量经济技术经济研究 (2): 89-104.

杨志安, 邱国庆, 2019. 财政分权与中国经济高质量发展关系: 基于地区发展与民生指数视角 [J]. 财政研究 (8): 27-36.

于斌斌, 2017. 生产性服务业集聚能提高制造业生产率吗?: 基于行业、地区和城市异质性视角的分析 [J]. 南开经济研究 (2): 112-132.

袁晓玲, 李彩娟, 李朝鹏, 2019. 中国经济高质量发展研究现状、困惑与展望 [J]. 西安交通大学学报 (社会科学版), 39 (6): 30-38.

詹新宇, 苗真子, 2019. 地方财政压力的经济发展质量效应: 来自中国 282 个地级市面板数据的经验证据 [J]. 财政研究 (6): 57-72.

詹新宇, 崔培培, 2016. 中国省际经济增长质量的测度与评价: 基于"五大发展理念"的实证分析 [J]. 财政研究 (8): 40-53.

张浩然, 2015. 生产性服务业集聚与城市经济绩效: 基于行业和地区异质性视角的分析 [J]. 财经研究 (5): 69-77.

张建华, 程文, 2019. 服务业供给侧结构性改革与跨越中等收入陷阱 [J]. 中国社会科学, 279 (3): 40-62.

张学波, 陈思宇, 廖聪, 等, 2016. 京津冀地区经济发展的空间溢出效应 [J]. 地理研究, 35 (9): 1753-1766.

张月友, 董启昌, 倪敏, 2018. 服务业发展与"结构性减速"辨析: 兼论建设高质量发展的现代化经济体系 [J]. 经济学动态 (2): 23-35.

郑强, 2018. 城镇化对绿色全要素生产率的影响: 基于公共支出门槛效应的分析 [J]. 城市问题 (3): 48-56.

参考文献

钟书华，2008. 创新集群：概念、特征及理论意义［J］. 科学学研究（1）：178-184.

周小亮，宋立，2019. 生产性服务业与制造业协同集聚对产业结构优化升级的影响［J］. 首都经济贸易大学学报，21（4）：53-64.

朱文涛，吕成锐，顾乃华，2019. OFDI、逆向技术溢出对绿色全要素生产率的影响研究［J］. 中国人口·资源与环境（9）：63-73.

AGHION P, FESTRÉ A, 2017. Schumpeterian growth theory, Schumpeter and growth policy design［J］. Journal of Evolutionary Economics, 27: 25-42.

ASLESEN H W, ISAKSEN A, 2010. New perspectives on knowledge-intensive services and innovation［J］. Geografiska Annaler, 89（s1）: 45-58.

BAS M, 2014. Does services liberalization affect manufacturing firms' export performance? Evidence from India［J］. Journal of Comparative Economics, 42（3）: 569-589.

BECATTINI G, 2004. Industrial Districts: A New Approach to Industrial Change［M］. Cheltenham: Edward Elgar.

BEHRENS K, DURANTON G, ROBERT-NICOUD F, 2014. Productive cities: Sorting, selection and agglomeration［J］. Journal of Political Economy, 122（7922）: 507-553.

CAPELLO R, 2007. Regional Economics［M］. London: Routledge.

CHEN A, PARTRIDGE M D, 2013. When are cities engines of growth in China? Spread and backwash effects across the urban hierarchy［J］. Regional Studies, 47（8）: 1313-1331.

DURANTON G, PUGA D, 1999. Diversity and specialization in cities: Why, where and when does it matter?［J］. Urban Studies, 37（3）: 533-555.

ELHORST J P, 2010. Applied spatial econometrics: Raising the bar［J］. Spatial Economic Analysis, 5（1）: 9-28.

ESWARAN M, KOTWAL A, 2002. The role of the service sector in the process of industrialization［J］. Journal of Development Economics, 68（2）: 401-420.

ETZKOWITZ H, LEYDESDORFF L, 1995. The triple helix: University-industry-government relations as a laboratory for knowledge-based economic development［J］. EASST Review, 14（1）: 11-19.

HALL R E, JONES C I, 1999. Why do some countries produce so much more output per worker than others? [J]. The Quarterly Journal of Economics, 114 (1): 83-116.

JACOBS J, 1969. The Economy of Cities [M]. New York: Vintage Books USA.

JACOBS W, KOSTER H R A, VAN O F, 2014. Co-agglomeration of knowledge-intensive business services and multinational enterprises [J]. Journal of Economic Geography, 14 (2): 443-475.

KE S, MING H, YUAN C, 2014. Synergy and co-agglomeration of producer services and manufacturing: A panel data analysis of Chinese cities [J]. Regional Studies, 48 (11): 1829-1841.

KELLER W, 2002. Geographic localization of international technology diffusion [J]. American Economic Review, 92 (1): 120-142.

LESAGE J, PACE R K, 2009. Introduction to Spatial Econometrics [M]. London: CRC Press.

LI H, SHI J F, 2014. Energy efficiency analysis on Chinese industrial sectors: An improved super-sbm model with undesirable outputs [J]. Journal of Cleaner Production (65): 97-107.

MARSHALL A, 1920. Principles of Economics [M]. London: Mac-Millan Co., Ltd.

MICHAELS G, RAUCH F, REDDING S J, 2012. Urbanization and structural transformation [J]. Quarterly Journal of Economics, 127 (2): 535-586.

ROSENTHAL S S, STRANGE W C, 2001. The determinants of agglomeration [J]. Journal of Urban Economics, 50 (2): 191-229.

SIMONEN J, SVENTO R, JUUTINEN A, 2015. Specialization and diversity as drivers of economic growth: Evidence from high-tech industries [J]. Papers in Regional Science, 94 (2): 229-247.

WOOD P, 2010. Urban development and knowledge-intensive business services: Too many unanswered questions? [J]. Growth & Change, 37 (3): 335-361.

ZHANG J, TAN W, 2016. Study on the green total factor productivity in main cities of China [J]. Proceedings of Rijeka School of Economics, 34 (1): 215-234.